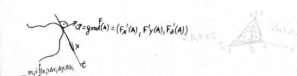

中国当代十大科学家

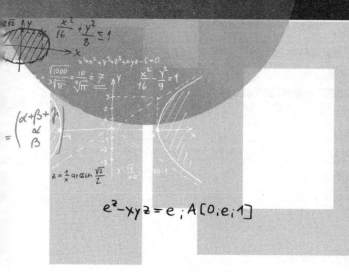

周文斌 主编

李 元 著

张学铭

广西科学技术出版社

图书在版编目（CIP）数据

中国当代十大科学家 / 李元，张学铭著. —南宁：广西科学技术出版社，2012.5（2020.6重印）

（少年科学文库. 十大科学家丛书）

ISBN 978-7-80619-577-2

Ⅰ.①中… Ⅱ.①李… Ⅲ.①科学家—生平事迹—中国—现代—少年读物 Ⅳ. ① K826.1-49

中国版本图书馆 CIP 数据核字（2012）第 117088 号

十大科学家丛书

ZHONGGUO DANGDAI SHI DA KEXUEJIA

中国当代十大科学家

李元 张学铭 著

责任编辑	池庆松	封面设计	寒林设计工作室
责任校对	黄博威	责任印制	韦文印

出 版 人　卢培钊

出版发行　广西科学技术出版社

　　　　　（南宁市东葛路 66 号　邮政编码 530023）

印　　刷　永清县晔盛亚胶印有限公司

　　　　　（永清县工业区大良村西部　邮政编码 065600）

开　　本　700mm×950mm　1/16

印　　张　14

字　　数　128 千字

版次印次　2020 年 6 月第 1 版第 5 次

书　　号　ISBN 978-7-80619-577-2

定　　价　30.00 元

本书如有倒装缺页等问题，请与出版社联系调换。

少年科学文库

顾问

严济慈　周培源　卢嘉锡　钱三强　周光召　贝时璋
吴阶平　钱伟长　钱临照　王大珩　金善宝　刘东生
王绶绾　谈家桢

总主编

王梓坤　林自新　王国忠　郭正谊　朱志尧　陈恂清

编委（按姓氏笔画排序）

王国忠　王梓坤　申先甲　朱志尧　刘后一　刘路沙
陈恂清　林自新　周文斌　郑延慧　饶忠华　徐克明
郭正谊　詹以勤

《十大科学家丛书》

选题策划：黄　健
主编：周文斌

代序　致二十一世纪的主人

钱三强

　　时代的航船将很快进入 21 世纪，世纪之交，对我们中华民族的前途命运，是个关键的历史时期。现在 10 岁左右的少年儿童，到那时就是驾驭航船的主人，他们肩负着特殊的历史使命。为此，我们现在的成年人都应多为他们着想。为把他们造就成 21 世纪的优秀人才多尽一份心，多出一份力。人才成长，除了主观因素外，在客观上也需要各种物质的和精神的条件，其中，能否源源不断地为他们提供优质图书，对于少年儿童，在某种意义上说，是一个关键性条件。经验告诉人们，往往一本好书可以造就一个人，而一本坏书则可以毁掉一个人。我几乎天天盼着出版界利用社会主义的出版阵地，为我们 21 世纪的主人多出好书。广西科学技术出版社在这方面作出了令人欣喜的贡献。他们特邀我国科普创作界的一批著名科普作家，编辑出版了大型系列化自然科学普及读物——《少年科学文库》。《文库》分"科学知识"、"科技发展史"和"科学文艺"三大类，约计 100 种。《文库》除反映基础学科的知识外，还深入浅出地全面介绍当今世界最新的科学技术成就，充分体现了 90 年代科技发展的前沿水平。现在科普读物已有不少，而《文库》这批读物特有魅力，主要表现在观点新、题材新、角度新和手法新、内容丰富、覆盖面广、插图精美、形式活泼、语言流畅、通俗易懂，富于科学性、可读性、趣味性。因此，说《文库》是开启科技知识宝库的钥匙，缔造 21 世纪人才的摇篮，并不夸张。《文库》将成为中国少年朋友增长知识、发展智慧、促进成才的亲密朋友。

亲爱的少年朋友们，当你们走上工作岗位的时候，呈现在你们面前的将是一个繁花似锦的、具有高度文明的时代，也是科学技术高度发达的崭新时代。现代科学技术发展速度之快、规模之大、对人类社会的生产和生活产生影响之深，都是过去无法比拟的。我们的少年朋友，要想胜任驾驶时代航船，就必须从现在起努力学习科学，增长知识，扩大眼界，认识社会和自然发展的客观规律，为建设有中国特色的社会主义而艰苦奋斗。

我真诚地相信，在这方面，《少年科学文库》将会对你们提供十分有益的帮助，同时我衷心地希望，你们一定为当好 21 世纪的主人，知难而进、锲而不舍，从书本、从实践吸取现代科学知识的营养，使自己的视野更开阔、思想更活跃、思路更敏捷，更加聪明能干，将来成长为杰出的人才和科学巨匠，为中华民族的科学技术实现划时代的崛起，为中国迈入世界科技先进强国之林而奋斗。

亲爱的少年朋友，祝愿你们奔向 21 世纪的航程充满闪光的成功之标。

前　言

　　《十大科学家丛书》是《少年科学文库》中的科学家系列图书，在这套内容丰富、规模庞大的文库里，为什么要给科学家的故事留下重要的一个席位呢？只要看一看当前的书刊市场，我们便不难找到这个问题的答案。

　　如果你是一位家长，如果你有一个上中小学的孩子，如果你的孩子陷入了"追星族"、"发烧友"的狂热之中，而你又想改变孩子的兴趣和注意力，使孩子树立正确的人生观和价值观，那么你一定想带孩子到书市去转一转，为他（或她）选购几本具有正确价值取向、能鼓励人们奋发向上的课外读物。这时候，你也许会感到失望和沮丧。你会发现适合青少年阅读的这类图书实在太少太少。

　　在社会上的各类人群中，科学家是最应受到尊敬的人群之一。他们的力量最大，能改变人们的观念，改变生产和生活方式，改变整个社会面貌；他们的奉献精神最强，是他们把知识和智慧酿造成甘霖，洒向全世界，造福全人类；他们的思想境界最高，对自然规律的刻苦探索和深邃了解，是他们毕生的追求。今天，我们每一个人无不在享用着科学的恩惠，我们没有理由不去歌颂科学家的功德，没有理由不使科学家成为我们和我们的后代所崇敬和学习的榜样，没有理由不引导我们的青少年去追寻科学家的足迹，发扬他们的精神，继承他们的事业。正是出于这种考虑，我们的科普作家和出版家们才对《十大科学家丛书》的写作和出版投入了极大的热情。

全套丛书共分 10 册，较为系统地介绍了 100 名科学家的生平事迹和主要成就。他们都是世界或我们国内一流的科学家和发明家。他们的名字已被永远镌刻在人类科技发展史上。一切有兴趣阅读这套丛书的青少年，一定会从中获取力量，获取智慧，获取热情，获取对未来的新向往，唯有这一点，才是作者和编者的共同愿望。

周文斌

目　录

地质力学的创立者李四光

1964 年 12 月，第三届全国人民代表大会在北京召开。这是我国历史上的一次重要会议。在这次会议上，周恩来总理在他所作的《政府工作报告》中发出了向四个现代化进军的伟大号召。他说："在中国共产党和毛主席的领导下，全国人民要继续发扬奋发图强、自力更生的英雄气概，为争取在不太长的历史时期内，把我国建设成为一个具有现代化的农业、工业、国防和科学技术的伟大强盛的社会主义国家而奋斗！"

在这个报告中，周总理还讲到了我国石油工业的发展，讲到了大庆油田的开发和建设。他指出，这一大型油田就是在我们自己独创的地质理论指导下所发现的。

地质部部长、著名地质学家李四光作为全国人大代表，亲耳聆听了总理的报告，内心的激情尤如汹涌的波涛。在分组讨论会上，他认真整理着自己的思绪，准备为发言打一个腹稿。

这时，一名工作人员走到他身边，说有人请他到北京厅去。他万万没有想到，在北京厅等待他的竟是中共中央主席毛泽东同志。

"李老，你的太极拳打得很不错呀！"毛主席紧握着他的手，爽朗地说。

李四光连忙解释说："主席，我因为身体多病，所以开始学太极拳，以锻炼身体，但还打得不好。"

毛主席一听，放声笑了起来："我是说你那个地质力学的太极拳啊。"

李四光这才恍然大悟，知道毛主席所说的"太极拳"就是周总理在报告中所提到的"独创的地质理论"。党和国家领导人一致如此高度地评价地质力学，实在是他所未料到的。他的喉头几乎梗塞了，沉吟了半天才说出一句话来："大庆油田的发现，是党领导下的广大工人和石油地质工作者的功劳啊，我个人的作用是极其微小的。"

领袖和地质学家各谈到了问题的一个方面。大庆油田的开发建设，没有党的领导，没有广大工人和石油地质工作者的努力，显然是不可能的。然而，地质学家李四光所创立的地质力学理论却也起了关键性的作用。毛主席把这一理论称之为"太极拳"，既幽默，又形象。正是这一拳，打掉了"中国贫油论"的帽子，打出了中国人民的志气。

每一个了解李四光身世的人都会知道，这又是多么艰难的一拳啊。为了打出这一拳，我们这位年届75岁的科学家已经付出了近半个世纪的心血和精力……

十四岁的留学生

李四光于1889年出生于湖北省黄冈县回龙山镇的一个穷秀才家庭。父亲李卓侯一生贫困潦倒，依靠教几个蒙童的微薄收入维持一家的生计。

李四光原名李仲揆，兄弟姐妹共有六人。他童年时代所经历的艰难困苦可想而知。也许正是这种环境，造就了他坚强的性格。在家乡，他虽然没有受过什么正规教育，只是跟随父亲学了一点古文，可却刻苦自砺，日见长进。待到13岁那年，他便考人了国立武昌高等小学堂，只身赴武汉求学。

武昌高等小学是一所颇为有名的学校，它所开设的许多课程，诸如日语、英语、数学等等，对李仲揆来说，都还十分陌生。可是，他却以顽强的毅力，越过了重重障碍，不仅跟上了老师的教学进度，而且每次考试都在班内的头几名。

这时正值20世纪初期，腐败无能的清朝政府一天天走向末落，外国

帝国主义纷纷入侵，以在中国划分自己的势力范围。饱受屈辱的中国人民奋起反抗，发起了声势浩大的义和团运动。在这种情况下，一向反对改革的清政府也开始侈谈变法，寄希望于学习西方军事技术，因而派出大批留学生到国外求学。日本是学习西方卓有成效的国家，加之离中国较近，生活费用较低，所以也就成了中国留学生群集之地。

当时，武昌高等小学就有一个规定，凡在考试中名列前五名的学生，均可获得官费留学日本的机会。

可这个规定对李仲揆这个来自乡下的穷孩子似乎并不适用。他虽然在几次考试中都名列前茅，可出国留学却没有他的份。一怒之下，李仲揆曾打算离开这个学校另寻出路，可最后又被人劝阻。后经打听，他才知道一些有权势的人家的子弟虽然学习成绩不好，可又急于出国镀金，因而只能顶掉像李仲揆这样的学生的名额。

李仲揆去日本的时间因此而推迟了一年。1904 年 7 月，他刚刚 14 岁。当他拿到出国护照时，便兴高采烈地首先填写了自己的年龄。可是，当他仔细一看表格时，发现自己竟把"十四"两个字误填在"姓名"一栏中了。

怎么办呢？换一张护照没有可能，涂改又不允许。于是，他急中生智，把"十"字改成了"李"字，总算保住了姓氏。"四"字显然是没法改了，那就叫"李四"吧。不行，这不就与我们平时所说的"张三、李四"是一个名了吗，太不庄重，招人笑话。思考了片刻，他毅然在"四"字后面再加一个"光"字。于是，李仲揆就改名成了李四光。

那时，反清革命运动已在我国风起云涌，孙中山、黄兴等一批资产阶级革命家高举起反帝、反封建的大旗，深受群众拥护。风雨飘摇中的清政府向国外派遣留学生，本意是要培养维持其封建统治的人才，可却事与愿违，多数出国留学的青年都抱着寻求救国救民真理的目的，很自然地倾向了革命。李四光就是这些革命青年中的一员。

他先人了日本弘文学院，后又进了大阪高等工业学校。在这里，他学的是造船机械，以便日后走实业救国的道路。

1905年6月，中国革命的先行者孙中山结束了历时一年半的美欧之行，经新加坡、越南、香港等地，于7月19日抵达日本横滨，准备在这里组织一个新的革命团体。

8月13日下午2时，中国留日学生在东京曲町区富士见楼开会欢迎孙中山。当时，正值暑假期间，许多留学生已回家或外出，可到会的仍有1800余人。整个会场挤得水泄不通，还有不少人伫立街边，希望一睹中山先生的丰采。在这拥挤的人群中，便有一个16岁的中国留学生李四光。

孙中山身着洁白的西装，从容步入会场。这时，全场掌声雷动。在宋教仁致欢迎词后，孙中山登台作了近两小时的演说。他以饱满的热情和雄伟的气魄向学生们展示了中国的光明前途，并号召以革命的方式，建立共和国，改变积弱的国势，跃居世界先进国家之林。

孙中山的演讲打动了所有企图挽救祖国危亡的青年的心弦，搏得了一阵阵经久不息的掌声。李四光更是深受感染，激情满怀。回到学校后，激动的心情仍然难以平静，渴望能再一次聆听中山先生的教诲。

这个机会终于来了。8月20日，以孙中山为总理的中国同盟会在东京赤阪区霞关阪木金弥子爵的宅邸召开成立大会。李四光参加了这个具有历史意义的会议，并成为了同盟会最早的一百多名会员中的一员。

会后，中山先生走到这名年仅16岁的会员前，笑着对他说："你这么小，也要革命？"

李四光答道："吴趼人说过，天下兴亡，匹夫有责。我年纪虽然不大，照样有一分责任啊！"

中山先生对这一回答极为满意，并进一步鼓励说："别看你人小，志气却不小呀。一定要努力向学，蔚为国用。"

从此，李四光一直把中山先生"努力向学，蔚为国用"这句话铭记在心，时刻以此来激励和鞭策自己。在日本留学的6年中，他的成绩始终名列前茅。

调转航向

李四光于 1910 年春由日本回到上海，在一家兵工厂当工程师。不久，他又返回家乡湖北，到武昌一所中等工业学校任教。

1911 年 10 月 10 日，同盟会所领导的、以武昌为中心的辛亥革命爆发，并很快向全国推进。第二年 1 月 1 日，中华民国临时政府在南京成立，孙中山当选为临时大总统。2 月 12 日，清朝皇帝被迫退位，清政府统治宣告结束。

李四光作为同盟会的早期会员，满腔热情地投入了这场资产阶级民主主义革命，并被湖北省军政府任命为实业部部长。

一向没有当官愿望的李四光，对实业部长这一职务还是乐于接受的。他认为，国家的振兴，希望在实业。于是，他整日奔走于工厂、矿山，到处进行实地考察，为制定实业发展规划准备材料。

就在这时，代表地主和买办阶级利益的袁世凯窃取了革命成果，联合帝国主义和封建势力迫使孙中山下台，导致了辛亥革命的失败。随之而成立的北洋军阀政府又把国家推入了深重的苦难之中。

李四光振兴实业的愿想化作了泡影。他愤然辞去了实业部部长的职务，决定到英国去留学，以图今后发展。

事情办得还算顺利。1913 年，李四光顺利抵达英国。经过短期的英语补习，第二年便考入了伯明翰大学预科，学习采矿专业。两年后进入本科时，他突然产生了学习地质的愿望。他想，我国地大物博，地下埋藏有丰富的资源，如果把这些资源能找出来，为我所用，国家的面貌定会大为改观，孙中山先生所期盼的"跃居世界先进国家之林"的愿望就有可能实现。

这一想法，使学了多年机械的李四光调转了航向，开始踏进他所陌生的领域。

除了学习地质外，他还兼学物理系的课程。这在当时，也许仅仅是对更广阔范围的知识渴求。他压根儿也未想到，正是地质学和物理学这两方面的知识，为他以后创建地质力学奠定了坚实的基础。

由于抱定了振兴中华的目标，所以李四光学习特别勤奋刻苦，成绩总是优等。放暑假了，他把本应安排休息和游玩的时间用来进行地质考察和参观地质标本。他还独立来到煤矿，一边同矿工们一起干活，一边了解地层构造和地质情况。

1919年，李四光完成了从本科到硕士研究生的全部学习任务，拿到了硕士文凭。

"取得了硕士学位，今后还有什么打算？"李四光的导师鲍尔敦教授亲切地问他。

"我想返回祖国。"李四光回答。

"我看你先到印度去吧。"鲍尔敦说，"我的一位朋友来信，要我推荐一名矿业工程师去印度，那里薪水高，待遇优厚。"

"谢谢。不过，我还是希望为自己的祖国服务。"

"现在，中国的情况很遭。你要不想去印度，我并不勉强。你可以留下来做几年研究工作，等获得博士学位后再说。"

鲍尔敦的这一建议确实使李四光有些动心。可就在这时，北京大学校长蔡元培给李四光发去了一份电报，邀请他回北大地质系任教。

李四光虽然并不熟悉蔡元培，可对他的人品学问早有所闻，心存崇拜。他把蔡校长的电报看作祖国的召唤，于是毅然摒弃了其他打算，踏上了回国的旅途。

这位留英学者的到来，无疑给北大地质系带来了一股新鲜血液。他被聘为教授，主讲岩石学。在讲述岩体的生成和性质时，他总是联系到各种物理化学条件来加以理解，并与找矿相结合，在当时的地质学界可以说是独树一帜。他还特别注重实地考察，常常带领学生到野外去实习，观察岩石结构和岩体的空间位置。

在北大任教期间，李四光结识了女师大钢琴教员许淑彬。两人经过一段时间相处，逐渐由相识到相爱，并于 1923 年 1 月结为伉俪。同年 10 月 31 日，许淑彬生下一个女孩。为孩子接生的外国医生给孩子取了一个外国名字——阿娜。李四光夫妇不喜欢这个名字，给孩子定名为熙芝。熙者，和乐也；芝者，宝物之一。教授夫妇对孩子的疼爱，由此可见一斑。

孩子的降生，确实给这个家庭带来了欢乐。奇怪的是，这个孩子以后的命运竟与父亲有着惊人的相似：为了逃避军训而直接报考高中，她不得不在初中毕业以后改名为李林；她后来也去英国留学，而且进的是父亲的母校——伯明翰大学；她本准备学弹性力学，却被打字员错打成塑性力学，等于一切从头学起；她以后也在塑性力学和金属学等领域里作出了优异成绩，成为中国科学院学部委员（后改称院士）……不过，这些与本文关系不大，毋需在此赘述。

从䗴科化石到"山"字型构造

从本世纪二十年代开始，李四光便开始了对我国北方含煤地层的考查。为了弄清含煤地层的年代，掌握煤矿的分布规律，他致力于一种古无脊椎动物化石的研究。这种化石两头尖，中间大，状如纺锤，李四光把它命名为"䗴科"。他从对"䗴科"化石薄片的观察中，确定了这种动物存在于地史中的年代。它最初出现于距今三亿五千万至二亿八千五百万年的石炭纪早期，灭绝于二亿八千五百万至二亿三千万年的二迭纪晚期。这个地质年代恰好与成煤年代相吻合。因此，研究"䗴科"化石，便可能区别地层年代，为找煤提供方向。

李四光把对"䗴科"化石的研究成果写成了一部学术专著《中国北部之䗴科》。这部专著的发表，引起了国内外地学界的广泛关注。他所提出的"䗴科"分类标准，至今一直被各国地质学家所沿用。

在对古生代石炭纪和二迭纪地层的研究中，李四光又发现了另一个问题：我国北方这一地层以陆相沉积为主，中间夹有海相沉积的薄层；而在我国南方，则以海相沉积为主。这说明在古生代，海水的进退现象存在南北方的差异。

那么，究竟是什么原因造成的这一差异呢？正是从对这个问题的探索中，李四光提出了"大陆车阀"理论。他认为，大陆和海面的升降运动有全球性和区域性的区别，不能像传统理论所认为的只有全球性运动。产生这种区域性运动的原因是由于地球自转速度发生变化。在漫长的地质年代中，地球自转速度的变化可能引起地壳的运动，把地球内部的岩浆挤压到表层来，致使岩石受到温度、应力、静压力和热液的综合影响，产生剧烈摩擦。这种摩擦力会产生类似刹车的作用，从而使地球自转速度减慢。这就是所谓"大陆车阀"的假设。

"大陆车阀"理论不仅解释了我国南北方海水进退的差异，也解释了地球上褶皱山系的形成和"山"字型、"多"字型构造体系。

李四光在对秦岭、南岭等山脉的考察中，发现一些南北走上的山脉有时被一座东西延伸的弧形山脉所围绕，犹如一张弓上搭着一支箭，以致形成一个"山"字形构造，有的地方还有"多"字形构造。为了解释这种构造体系，李四光同样引入了力学理论，以力学的观点来分析地壳的结构实质和构造规律。他认为，地壳的这种变化，均与地球自转速度的改变有关。"山"字形、"多"字形构造，就是当地球自转速度变化时，地壳岩石在应力作用下向南推挤而两端受阻时产生的构造组合。

为了证明这一假设的正确性，李四光还在实验室中进行了大量模拟试验。在此基础上，他先后发表了《地球表面形象变迁的主因》和《东亚一些典型构造形式及其对大陆运动问题的意义》等科学论文。这就是他所创立的地质力学理论。

一种新理论的创立，也许是对传统理论的补充和发展，然而也不可避免地在某些方面与传统理论产生碰撞。地质力学曾经遭到一些人的责难和反对，但它毕竟在中华大地上成长起来了，为我国的地质科学树起了一块辉煌的里程碑。这是因为它诞生于实践，并在以后的实验中经受了严格的检验。这一理论用于我国的地质找矿事业，已经创造了足以令中华儿女为之骄傲和自豪的业绩。

第四纪冰川的事实与争论

据地质学家研究，我们人类生活的这个地球，曾经发生过三次大的冰期。在冰期到来时，地球上的大部分地区都积满了几十米至几百米厚的冰雪。当地球上的温度回升后，冰雪融化，大块的冰体便会从山顶顺着山谷由高向低滑动，这就形成了所谓冰川。

地球上最近的一次冰期就发生在包括 250 万年前到今天的第四纪。研究第四纪冰川，对我们今天找矿、筑路、建造水坝等工程建设都有极大的意义，因而地学界对这一问题极为关注。

冰川的存在，总会在地球上留下一系列遗迹，地质学家就是根据这些遗迹来研究冰川的。首先，要形成冰川，必须在冰川上源有积聚冰雪的围椅状洼地，这就是所谓冰斗。冰川在流动时，可能会裹带巨大的砾石，这种砾石在流动过程中又会与底部或侧面的岩石发生摩擦，留下累累擦痕；砾石被由高处搬运到低处后，会随着冰雪的消融而沉积下来，成为漂砾；这时沉积下来的石块和其他碎屑则统称为冰碛。冰川在流动中，还会对本来呈 V 形的山谷起刨蚀和挖掘作用，以致形成 U 形谷和平底谷。

地质学家们通过对北欧、北美等地的考察，均发现过第四纪冰川遗迹，因而肯定了第四纪冰川在那些地方的存在。

中国是否也存在过第四纪冰川呢？一些外国学者曾经作过走马观花式的调查，结论是否定的。

1921 年，李四光带领学生到太行山麓的沙河县考察，发现了几块带有明显擦痕的巨大漂砾。不久，他又在山西大同盆地口泉附近发现了 U

形谷。他由此初步认定，中国曾经存在过第四纪冰川。

为了进一步证实自己的判断，李四光又先后考察了太行山、九华山、天目山和庐山。在这些地方，他都毫无例外地发现了冰川遗迹，找到了冰斗、平底谷、U形谷、漂砾和冰碛。他把这些考察结果写成文章公之于世以后，引起了不少非议。

1934年，瑞典的安迪生、美国的巴尔博、法国的德日进等一批颇有名气的地质学家汇聚庐山，要与李四光辩论冰川问题。

李四光带领这些学者到实地，将自己找到的冰斗、U形谷、漂砾等一一指给他们看，可他们仍然只是摇头，矢口否认庐山的这些冰川遗迹。只是过了多年之后，那个安迪生的观点有所改变。他在瑞典作了一个报告，承认了中国第四纪冰川的存在。

为了找到更有说服力的证据，李四光又开始了对黄山的考察。他爬过朱砂峰，看过桃花溪中的巨石；登过狮子峰，看过北海的冰斗；攀过飞龙峰和始信峰，考察过冰川活动时的岩石风化情况。

根据十多年的野外考察成果，李四光先后写成了《华北挽近冰川作用的遗迹》、《扬子江流域之第四纪冰川》、《黄山第四纪冰川流行的确据》、《冰期之庐山》等重要论文。

　　用英文写成的《黄山第四纪冰川流行的确据》一文在国外发表后，引起了澳洲学者费斯孟的注意。他同李四光一道，到黄山进行了实地观察。此后，他写成了《中国第四纪冰川》一文，在柏林的学术刊物上发表，承认了李四光的这一重大发现。

　　然而，时至今天，不承认中国存在第四纪冰川的学者仍旧存在。对于这类学术问题，争论是有好处的。但不管哪一种看法更加符合实际，李四光对待科学研究和学术争论的态度却永远给我们树立了榜样。

颠沛流离二十年

　　李四光创立地质力学和研究中国第四纪冰川的时期，也正是中国历史上的一段黑暗和混乱时期。

　　为了摆脱北洋军阀的统治，李四光于1928年愤然离开了北平，进了南京国民党政府设立的中央研究院。此时，原北大校长蔡元培已任中央研究院院长。研究院下设物理、地质、社会科学三个研究所。李四光任地质研究所所长，他在英国伯明翰大学的同窗好友丁西林任物理研究所所长，杨端六任社会科学研究所所长。

　　地质所设在当时上海法租界的霞飞路。李四光一边致力于实验室的建设，一边继续从事地壳运动、大地构造体系、矿产资源分布等方面的研究工作。

　　1934年，李四光应英国剑桥、牛津、伯明翰等八所大学的邀请赴英讲学。这是他的地质力学理论在国外的第一次公开交流，赢得了许多英国学者的赞许。他还把自己的讲稿作了整理，集成《中国地质学》专著。直到1936年他才绕道美国回国。

　　这以后，他继续对庐山的冰川遗迹进行考察和研究，并在鄱阳湖畔的白石嘴建立了一座冰川遗迹陈列馆，计划进一步在那里设立一个冰川地质研究机构。

　　就在这时，随着"七·七"事变的枪炮声，抗日战争拉开了序幕。国民党军人以"防碍军事设施"为名，炸毁了陈列馆，筹建研究机构的设想也化为了泡影。

　　在日本侵略者步步逼进的情况下，国民党南京政府逃到了重庆，地质研究所则迁到了广西桂林。

　　1939年，李四光参加了在莫斯科举行的第十七届国际地质会议，宣读了题为《中国震旦纪冰川》的论文。

　　1943年，重庆大学教授朱森去世的消息传到了李四光的耳中，引起了李四光的极大义愤。朱森是李四光最得意的学生，也是他事业上的战友。他虽兼任中央大学和重庆大学两校的地质学教授，可每月却只能得到五斗米的薪俸，难以养活七口之家。生活的艰苦和过度的劳累使他身患重病。由于他不满国民党的反动统治，又招来了国民党走狗的造谣中伤，停发了他五斗米的薪俸。"不为五斗米而折腰"的朱森终于在贫病中辞世，年仅 41 岁。

李四光对朱森的死甚为痛惜和悲愤。他写一首题为《悼子元》（子元即朱森的别名）的诗，以示对朱森的悼念：

崎岖五岭路，嗟君从我游。

峰峦隐复见，环绕湘水头。

风云忽变色，瘴疠蒙金欧。

森兮复何在？石迹耿千秋。

1944 年，日寇加紧了对华南地区的进攻，李四光被迫迁往重庆。这时，李四光已身患肺结核，许淑彬的高血压日见严重。夫妻俩相濡以沫，边坚持工作，边期待抗战的胜利。

可是，抗战的枪声刚一结束，国民党又打响了内战的枪声。为了赢得一个科研的环境，李四光趁第十八届国际地质学会将在伦敦召开之机，于 1947 年末偕夫人来到了英国，并与正在伯明翰大学学习的女儿相会。

1948 年 8 月，第十八届国际地质学会在伦敦召开。李四光在会上宣读了《新华夏海之起源》的论文。这篇论文阐述了新华夏构造体系的三对相互间隔的隆起带和沉降带，最有说服力地证明了他所提出的地质力学理论。第一隆起带从北太平洋起，横穿九州群岛、日本群岛、台湾岛直至菲律宾和加里曼丹；它西部的鄂霍次克海、日本海、黄海、东海、南海则为第一沉降带。第二隆起带由朱格朱尔山脉、锡霍特山脉、朝鲜半岛的紧密褶皱带及东南丘陵、武夷山脉构成；它的西部又出现了第二沉降带：从黑龙江下游流域、松辽平原、华北平原、江汉平原，纵穿南岭，直到北部湾。第三隆起带起自大兴安岭，经太行山脉，直到贵州高原东部的褶皱山脉；它西部的呼伦贝尔—巴音和硕盆地、陕北—鄂尔多斯盆地、四川盆地则构成了第三沉降带。这三对隆起和沉降带因受到中国内地的阴山、秦岭、南岭等几条东西向的构造带影响，而形成了一个巨大的"多"字形构造体系。

会议结束后，李四光和夫人一道来到了英国南部的海滨城市——博恩默思，一边养病，一边等待回国的时机。

这时，祖国解放战争节节胜利的消息传到了英国，李四光认为回国的时机已到，立即作归途准备。可是，当时由英国开往亚洲的船只很少，船票需在半年前预订。

就在他离预定的启程日期还有一个多月的时间，中国人民政治协商会议已经召开，李四光的名字出现在全国政协委员的名单中。

国民党驻英使馆得到消息后，准备胁迫李四光发表声明，辞去政协委员职务。

为了躲避国民党政府的迫害，李四光先独自一人到了法国，后又来到瑞士的巴塞尔。他在这里住定以后，便把情况通报了在英国的妻子和女儿。李林陪同母亲迅速赶到了李四光的住处，并给他带来了中国科学院院长郭沫若等人写给他的信。

这是一封诚请李四光早日回国参加科研工作的来信。李四光读过信后，夫妻两立即作出了途经意大利回国的谋划，并且打算尽快启程。李林却因为在英国的学业尚未结束，而不能与父母同行。

从这时候起，李四光一家颠沛流离二十余年的生活才终于画上了一个句号。

花朵与果实

1950 年 5 月，李四光回到了北京。很多老朋友闻讯赶来看望。大家相互介绍别后的情况，整个房间里充满了欢声笑语。

一阵敲门声打断了大家的言谈，随之进来的是周恩来总理。

李四光这次与周总理见面，也可以说是老朋友重逢。早在 1944 年，李四光刚从广西来到重庆不久，就因患肺结核而卧病在床。周恩来得知情况后，立即登门拜访。在那戎马倥偬的日子，周恩来与李四光谈起了地质力学，给予了李四光的创造精神以充分的鼓励。第二年，抗战胜利后，周恩来又再次登门拜访，与他谈起抗战胜利以后中国的前途。

这一次是李四光与周总理的第三次见面。周总理握着李四光的手说："有人说你不回来了，我相信你不会去台湾。地质学界积极要求召开全国地质工作会议，我建议等你回来后再开。如今不是把你等回来了吗!"

在询问了李四光近期的健康状况后，周总理接着说："有一件事我没有事先征求你的意见，就自作主张了，提名你为全国政协委员。"

谈话又自然地转到了地质力学上。周总理鼓励他将地质力学的理论应用到找矿的实践中去，让地质力学这朵理论之花在祖国的建设事业中结出丰硕之果。

1953 年的一天，李四光接到通知，请他去中南海参加一个重要会议。他一进会议室，发现毛泽东主席和周恩来总理都在等他。

毛主席说："李老，这次请你来，就是和在座的同志共同研究一下我国的石油发展道路问题。"

接着，周总理向他介绍当时所面临的情况：石油生产远不能适应经济建设的需要，每年要从国外进口两千万吨石油。如果石油产量长期上不去，我们就只好走发展人造石油的道路。

毛主席把话说得更为明白："我们是唯物论者。根据你几十年对我国地质的研究，认为我国天然石油的远景究竟如何？外国'权威'们说中国贫油，你怎么看呢？我们要拿出自己的看法来。"

在这些和蔼可亲的领导人面前，李四光坦诚地阐述了自己的看法。他认为我国的天然石油有很好的前景，用不着去考虑走费钱费事的人造石油的道路。外国人之所以说中国贫油，那是因为他们看到世界上的大油田都在海相沉积地层，而中国大部分是陆相沉积地层。根据他对地壳运动规律的认识，找石油不在于海相和陆相，而在于正确地认识地下构造规律，找出地下储存石油的构造线。因此，他的结论是："要在条件具备的生油和储油地区开展普查和勘探工作，寻找储油构造线。"

受中央的委托，地质部长李四光于 1955 年组织了一支庞大的地质队伍，在全国大规模地展开了对石油的普查勘探工作。根据地质力学理论，这次勘探的重点集中在新华夏构造体系的第二沉降带，即松辽平原和华北平原。

两年之后，在新华夏体系沉降带上执行勘探任务的一个普查队因未找到石油，而决定将队伍撤走。有的同志相信地质力学理论，认为新华夏体系沉降带理应有油，提出要"打回老家去"。李四光听取了两方面的意见汇报，并调来了该地区勘查的第一手资料，分析了那里的地质构造。然后，他又精确地确定了该地区钻井的格局和布置的方位。这个队按照李四光的意见回到了原地区继续勘查，结果很快找到了储油丰富的油田。

根据我国石油事业的发展远景，中央决定组建石油部。从此，地质

部和石油部两支勘探队伍并肩战斗在松辽平原和华北平原的广阔地区，形成了更为恢宏壮观的找油场面。

在我国国庆十周年的前夕，一条特大喜讯传遍了全国：松辽平原上的钻井，打出了石油！为了纪念建国十周年，这片荒原开始有了一个响亮的名字：大庆油田。

这时候，我们的地质部长李四光在仔细分析和研究了松辽平原的勘查资料和探井喷油的情况以后，又向地质队员们发出了新的号召：普查队继续向新华夏体系沉降带的辽河平原、渤海湾和江汉平原进发！

在作了一系列新布署之后，喜讯一个接一个传来：三木、柏各庄、沾化、东营等地区都打出了大量的油砂。尤其是东营，竟打出了厚达几十米的油砂层。这里就是我们现在所熟知的胜利油田。

地质力学这把钥匙，终于打开了地下资源的大门。1963年，周恩来总理向全世界宣告：中国依靠洋油的时代，已经一去不复返了。

欣慰与遗憾

李四光自从四十年代患肺病以来，健康状况一直不佳。尤其在年过60之后，更是身患肾病、心血管病等多种疾病。他后半生的全部工作，都是在与疾病的搏斗中完成的。

1957年，他因肾病严重而赴杭州休养。在那里，他对市郊的地质状况作了详尽的考察。

一年，他在大连疗养时，看到市郊白云山庄周围的山峰奇特，一道道弧形的山梁盘旋有致，条条山脊和沟谷相连展开，弧形山梁簇拥着一块高地，就像莲花花瓣簇拥着一个莲蓬。李四光经过多次实地观察和测量，终于弄清这是一个因地壳旋转运动造成的地质构造体系的新类型。他为此专写了一篇论文，题为《莲花状构造》。

1957年8月，李四光在青岛疗养时，突然发现小便带血。回京检查，发现肾上有一个瘤状物。年底，决定手术治疗。原来，是肾结石将左肾磨出了水泡，整个左肾因此被切除。

1959年，正是松辽平原勘探工作告捷的时候，李四光又因病去青岛疗养。在那里，他对自己几十年的研究工作进行了认真的总结，开始撰写《地质力学概论》一书。脱稿第二天，他的心脏病突发。幸为抢救及时，才很快转危为安。

1964年春季的一天，李四光被电话请到了中南海。这天，毛泽东主席在自己的寓所会见了竺可桢、钱学森和李四光三位著名科学家，以极其愉快的心情同他们谈"天"说"地"，鼓励他们为社会主义建设多做贡献。

在这年年底召开的第三届人大会上，毛泽东主席同李四光谈到地质力学的"太极拳"。时间过了不久，即1965年2月，李四光又被查出了一种新病：腹内左下方有一肿块。当时，他已年届75岁，又患有心脏病和高血压。医生尊重他本人的意见，决定采取休息和服药的保守治疗。

1966年3月8日凌晨，河北省邢台地区发生强烈地震。当天，周恩来总理召开了讨论震情和救灾的紧急会议。李四光带病到会，深感地质工作者肩上的重大责任，下决心用地质力学的理论来研究震前预报问题。

会议一结束，他就立即派出技术人员前往邢台震区观察震情，掌握实际情况，与此同时，他还用电话与河北地质局联系，让他们在震区隆尧县的尧山打一个1.6米的浅孔，安装测定地应力的仪器，以监视当地的地壳变化。李四光说："我很担心，邢台地区还会有大震的可能。"

果然不出所料，3月22日，邢台再次发生强震。李四光再也坐不住了，他不顾自己严重的病情，决心要亲临现场视察。

3月24日，他到震区的一个观察站了解了情况，又赴尧山的那个观测点看了仪器设备。

1967年，河北省河间县又发生一次地震。李四光密切注视地震的发展趋势，初步断定邢台、河间两次地震都是属于构造地震，是新华夏构造体系的活动所致。同样的地震可能向京津一带的方向发展，那将会造成更为严重的后果。为此，他更为迫切地感到进行地震预报探索的必要性。他要把地质力学推进到新的延长线上，使地质力学在地震领域发挥作用。

一天凌晨，李四光被电话叫醒，原来是周恩来总理要征求他的意见。总理说，有关同志向国务院报告，说北京周围地区几天来小震频繁，昨天小震中止，预计今天清晨 7 时左右北京将发生七级以上的强烈地震。因此，他们建议国务院立即通知北京全体居民搬到室外避震。此事非同小可，所以很想知道李四光的看法。

李四光立即接通了北京周围的几个地应力观测站的电话。在了解了各站的观测情况后，李四光断言：北京不会马上发生大地震，建议不要向全市人民发警报。

总理采纳了他的意见，这一天果然平安无事。看来，地质力学用于地震领域，已露出了可喜的曙光。

也正是在这一年，北京医院向总理办公室报告了李四光的病情：血压波动较大，有动脉硬化性心脏病、房性期前收缩及左髂总动脉瘤。此瘤与 1965 年 2 月 19 日初发现时比较，已有增大，由椭圆形肿块发展成圆形肿块，随时可发生破裂或栓塞，预后不良。

周总理一方面指示妥善安排治疗和减轻他的工作，一方面从各地调来心血管及外科专家，研究治疗方案。

李四光仍旧坚持保守治疗。周总理也同意尊重他自己的意见。

1969 年 5 月 19 日，毛主席再次见到李四光，又同他海阔天空地谈起了天文、地质和古今中外的科学家，并嘱他提供几本自己的著作和国内外的科学资料给他一读。

从此，李四光一面抓紧时间为毛主席选编资料，一面整理自己的著作。经过一年的时间，他写出了《从地球看宇宙》、《启蒙时代的地质论战》、《总结地层工作的要点》、《地壳的概念》、《地壳构造与地壳运动》、《三大冰期》、《古生物及古人类》等 7 本书，统称为《天文·地质·古生物》，作为资料呈送给了毛主席、周总理和中央其他领导同志。

与此同时，李四光仍旧日夜关注地震的形势。他在重病缠身、行动极为不便的情况下，还坚持去密云、大灰厂等地调查八宝山的断裂带，严格检查微量位移观测站的工作，了解地应力的变化。

1971年，李四光的动脉瘤进一步恶化，几次被迫住进了医院。他意识到自己的时间不多了，于是更加争分夺秒地进行工作。当妻子劝他注意休息时，他竟流下了眼泪，动情地说："我还有时间休息吗？我真想多活几年。如果在我去世前没有解决地震预报工作，我多么对不起党和人民！"

4月28日下午，医生们对李四光进行了一次会诊。李四光拉住医生的手，恳切地问："请坦率地告诉我，我还能活半年吗？"

医生一时不知如何回答是好。李四光接着说："只要再允许我活半年，我把工作抓紧安排一下，将会在地质科学的新领域看到一朵新花，这就是地震预报。"

当天晚上，女儿李林一直陪伴在父亲的身边。李四光又对女儿说起自己的心事："我已是82岁的人了，死也不算早。我不放心的是地震预报。外国人的路子是不容易走通的，一定要搞出合乎我国实际的地震预报来。我不知道还有没有时间和大家一道去征服这个危害人民生命财产的地下之敌……"

李四光与女儿整整谈了一个通宵。到早晨6点，李林因为要赶去上班，才不得不离父亲而去。

就在李林走后两个多小时，李四光的病情急剧发作，肚子剧烈地疼痛。

医生们紧急抢救，可却仍旧没有挽回他的生命。李四光终因动脉瘤破裂而与世长辞。时为1971年4月29日。

气象学和地理学的拓荒者竺可桢

20 世纪的 50 年代末至 60 年代初，由于自然灾害和人为因素的双重影响，我国经济遭受了严重的打击，全国人民咬紧牙关，度过了一段漫长的忍饥挨饿的日子。

困难教育了人民，也教育了全党。共和国的缔造者、日理万机的毛泽东主席开始把更多的精力投向了经济建设和国防建设，投向了与经济和国防建设密切相关的科学技术事业。

1964 年 2 月 6 日，北京雪后初晴，毛主席决定要在中南海的卧室里

约见李四光、竺可桢、钱学森三位科学家，商谈发展我国科技事业的大计。

这三位科学家除了他们的名望已经如日中天以外，还分别代表了工业、农业和国防三个方面。

毛主席约见竺可桢，是因为他刚从国家科委编印的内部刊物上读到了竺可桢的一篇新作《论我国气候的几个特点及其与粮食作物生产的关系》。在这篇论文中，竺可桢详细论证了雨量、温度、日照等因素与农业生产的关系，发出了禁止滥砍滥牧、以防生态环境退化的呼声。他与毛主席的谈话，就是从这篇论文开始的。毛主席与他商量，既然日照、雨量和温度与农业生产关系密切，是否应在《农业八字宪法》之外另加"光"和"气"两个字。

从中南海回来，竺可桢的心情无法平静。几十年的奋斗历程，几十年的风霜雨雪，又一幕一幕地浮现于他的脑际……

从绍兴到波士顿

竺可桢于1890年3月7日出生于著名的文化之乡浙江绍兴。父亲竺嘉祥在绍兴东关镇开设一个米摊，加上母亲顾氏善于勤俭持家，因而日子过得还算安稳。

在竺家的6个儿女中，竺可桢是最小的一个，他上面还有两个哥哥和3个姐姐。在竺可桢年幼的时候，大哥竺可材、二哥竺可谦便自然成了他的启蒙老师，教他读书写字。待到该入学的年龄，父亲又专门请来了近乡的一位旧学渊博的先生来家设馆，教竺可桢诵读经文子集。"戊戌维新"之后，东关镇开设了一所毓菁学堂，竺可桢便在这所学堂接受新教育。

当时，我国北方掀起了义和团反洋风暴，英、美、德、法、俄、日、意、奥八个帝国主义国家借口清政府"排外"，组成侵华联军，于1900

年大举进犯天津、北京、河北、东北等地，迫使清政府于1901年与侵略者签订了丧权辱国的"辛丑条约"。

消息传到绍兴，年刚11岁的竺可桢大为震惊。有一次，当老师让学生用"苦"和"甜"两个字造句时，竺可桢竟从内心深处迸发出一句令老师和同学叫绝的佳句："丧权辱国最苦，国家富强最甜。"

1905年，竺可桢小学毕业，照例应算一个秀才了。可他并不满足于这个秀才的头衔，而决心继续求学深造，以实现国家富强的甜蜜梦想。这一年，他只身来到上海，进了由浙江籍商人叶成忠捐资兴建的澄衷学堂。

这所学校的课程比乡间小学要繁重得多，竺可桢不得不刻苦自砺，发愤进取。同班同学胡适看到身体瘦弱的竺可桢如此用功，竟讥讽说："像竺可桢那样，一定活不到20岁。"胡适的这句话，提醒了竺可桢注意加强体育锻炼。后来，这两个同窗学友都经历了不同的人生道路而成为我国当代的文化名人。竺可桢以84岁的高龄谢世，而胡适只活了71岁。

在中学期间，竺可桢因成绩优秀、待人诚恳而被推举为班长。1908年春，在临近毕业之前，班上同学因对一名图画课教员有意见而要求撤换，并由竺可桢代表全班同学去与校方交涉。后因校方坚持不接受同学的意见而引起罢课，这届学生也未能如期毕业。暑假后，竺可桢又进入复旦公学重读一年，才于1909年领到了中学毕业证书。

此时的竺可桢，思想上已渐趋成熟。为了寻求国家富强之路，他远走北方，考入了唐山路矿学堂，学习土木工程。在这里一年半的学习中，他如饥似渴，拼命吸取新知识。

事实上，在竺可桢进入中学以后，其家境已开始衰败。米市生意越来越难做，日子一天比一天艰难。随后，母亲去世，父亲为儿女们的婚嫁和上学已耗尽精力和家产。竺可桢的学习越来越受到家庭情况的制约了。到他进入唐山路矿学堂的时候，父亲已把家中的一所住房抵押出去，以度家庭难关。

在几乎到了"山重水复疑无路"的时候，恰好"庚子赔款"奖学金开始设立，又给了竺可桢以"柳暗花明"的希望。

"庚子赔款"是"辛丑条约"规定的中国给帝国主义侵略国的高达九亿八千万余两白银的赔偿。美国于1908年提出退还赔款，用以作为从1908年至1940年分批接受中国留学生之费用。美国的这一举动，目的是要在中国培养亲美势力，但客观上却也为不少中国学生提供了出国深造的机会，竺可桢即为其中之一。

1910年，竺可桢考取了庚款留美生，于这年9月来到美国的波士顿，入伊利诺大学就读。他考虑到中国是个农业大国的实际情况，决定放弃原学的土木工程专业，改习农业。但他很快发现，美国的农业体制和耕作方式与中国不一样，所学的知识难于在中国得到应用，因而打算改学理科。于是，他在伊利诺大学攻读三年之后，转到了坎布里奇的哈佛大学地理学系，以气象学作为自己的主攻方向，并于1915年获得硕士学位。这时，庚款留学5年的时间已满，他为了继续深造，便又申请延长了3年，攻读博士学位。3年中，他以《中国之雨量及风暴说》、《台风中心之若干新事实》等科学论文的发表而在科学界崭露头角，被接纳为美国地理学会会员。他还参加了中国留美学生任鸿隽、赵元任等人组织的科学社，为该社的《科学》月刊撰稿，并参与编辑工作。

在竺可桢留美期间，国内时局和他的家庭都发生了极大的变化。清朝皇帝退位，政权落入北洋军阀之手，形成军阀割据局面。竺可桢的二哥、大哥及父亲相继去世，绍兴的那个大家庭因此而土崩瓦解。1918年，当竺可桢以《远东台风的新分类》的论文而获得博士学位时，他已经再也回不到自己的故乡了。

我国第一个地学系的创立者

竺可桢虽然遭受了家破人亡的厄运，可他使国家富强的心愿并未暝灭。获博士学位后，他立刻于这年秋季回国，到武昌高等师范学校任教。

不到一年，中国在巴黎和会上为收回青岛主权的斗争受到帝国主义国家的无理阻挠。北京大学等校师生为此发动了著名的"五四"运动。消息传到武汉，武高也出现了学生运动。校长张渲因站在学生爱国立场而被调离，新任校长对"五四"运动持与前任不同的态度。这使竺可桢产生了离校的念头，只因有聘约在先，一时不便离去，才暂时留了下来。

这年冬天，竺可桢到上海与在那里做中学教师的女友张侠魂结婚，随后夫妇二人一同来到了武汉。

1920年，南京高等师范学校在一批社会名流的赞助下，积极筹建东南大学，并聘请竺可桢来校任教。本欲离开武高的竺可桢自然不会放弃这个机会，于这年秋天受聘于南高。

在筹建东大的过程中，竺可桢心中那个使国家富强的愿望又重新活跃起来。他深感我国气象、地理研究的落后，必须从培养人才着手，急起直追，才有可能赶上先进国家。当时的美国，已有头等测候所200个，而我国却只有上海的徐家汇和香港两处有测候所，并且这两个测候所均掌握在外国人手中。日本人研究中国地理的书籍远胜于我们对自己国土的研究著述。地理知识的缺乏，则可能给国家造成重大损失。我国清政府轻易将宝岛台湾割让给日本，沙俄将矿产资源丰富的阿拉斯加以720万美元的低价卖给美国，不能说与政治家不懂地理知识无关。

基于这些想法，他提议新组建的东大，应在南高文史地部地理系的基础上，成立包括地理、气象、地质、矿物四个学科的地学系，以便为将来全面调查我国的地形、气候、人种及动植物、矿产等作好人才准备。

他的这个提议，得到了学校的支持。新组建的东大，果然设立了地学系，延聘了一批在国内较有名望的地学教师，并任命竺可桢为地学系主任。

这个新成立的地学系，是我国的第一个地学系，它与北京大学历史较久的地质系南北相映，成为我国当时培养地学人才的两大摇篮。

竺可桢作为地学系主任，一方面负责学科规划、教师聘任、课程设置等行政领导工作，一方面亲自为学生讲授《地学通论》、《世界地理》、

《气象学》等课程。为了便于教学和实习，他除了在系内建立标本室外，还在东大校园里设立了气象测候所。

在完成繁重教学任务的同时，作为科学家的竺可桢，在气象和地理学的研究方面也跃上了一个新高峰，进行了一系列开拓性的工作。台风研究是他这个时期的重点课题。他根据国内外的气象资料和自己亲自积累的观测数据，先后撰写了《远东台风新分类》和《台风的源地和转向》等重要论文，分析了各类台风的活动特点，提出了将台风分为六大类和二十一个副类的新见解，奠定了他在本世纪二十年代对台风研究的权威性地位。

在地学方面，他除了编写了《地学通论》的新教材外，还发表了《地理对于人生之影响》、《何谓地理学》等论文，建立了地理科学的新概念，推动了自然地理和人文地理的研究工作。

1925年初，创办不到四年的东大便因经费紧张等问题而出现学潮。竺可桢深感失去了正常教学与科研的环境，于是于这年下半年离校到上海商务印书馆编译所任《国际百科全书》编译室主任，次年又应天津南开大学之聘，前往担任地理系教授。

就在这以后不久，一条新的科研之路出现在他的面前：1927年，我国的最高学术研究机构中央研究院成立。院长蔡元培、秘书长杨杏佛向竺可桢发出邀请，请他出任筹建中的中央研究院观象台筹委会常委。

竺可桢欣然应邀，重新回到了中央研究院的所在地南京任职。这是他人生道路上极为关键的一步。正是这一步，决定了他在我国现代气象事业中的奠基者的地位。

气象研究所与现代气象事业

筹建中的观象台于1928年被分为天文研究所与气象研究所两大部分，竺可桢任气象研究所筹备处主任，也就是以后正式成立的气象研究所所长。

那个年代，我国的气象事业还是一片荒芜的园地。在偌大的国土上，只有为数极少、设备简陋、既无统一领导、也无统一制度的测候所，根本形不成气候。上海徐家汇观象台是国内唯一公开广播天气预报和台风警报的气象机构，但却操纵在法国人之手，主要为帝国主义及其航运服务。设立在青岛的观象台，原也为帝国主义所掌握，1924年虽然归还中国，但却偏处一隅，难于在全国发挥作用。

针对这种状况，竺可桢早就规划了一幅发展我国气象事业的蓝图。他在担任气象研究所所长之后，一方面忙于筹建工作，一方面提出《全国设立气象测候所计划书》，建议用10年时间，在全国建气象台10所，头等测候所30所，二等测候所150所，雨量测候所1000处。

气象研究所的地址选择在南京北极阁。经过1928年整整一年的操作，研究所的土木工程基本完成，业务工作相继开展。此后，他又在经费极度短缺的情况下，尽量压缩行政开支，挤出钱来购进了许多具有较先进水平的气象仪器和设备，充实了图书资料。随着科研条件的不断完备，研究所的业务范围也得以迅速扩展，在原有地面气象观测的基础上，先后开展了高空气象观测以及物候、日射、空中电气、微尘、海洋气象和地震等观测业务和研究工作。在竺可桢筹划下，1930年元旦，由我国科技人员绘制的第一张东亚天气图诞生在气象研究所。从此，这个研究所开始逐日发布天气预报和台风警报，宣告了外国人垄断我国气象事业的结束和由中国人掌管中国气象预报的新纪元的到来。1936年3月16日，一个由北极阁施放的探空气球升至了17714米的高空，使我国成为东亚第一个获取平流层气压、气温和湿度资料的国家。

在所有的这些工作中，竺可桢总是以身作则，为广大科研人员树立了良好的榜样。有一次，天下大雪，测候员朱炳海于早晨五点半钟便摸黑起床，准时到观测场进行观测。没想到，正当他开始作观测时，竺可桢竟已顶着满身雪花站在了他的身后。

在气象研究所担任所长和研究员的八年中，竺可桢还以一系列具有

独到见解的研究成果而闻名于气象学界。1929 年，他在第四次太平洋科学会议上所宣读的论文《中国气候区域论》，提出了适合我国情况的气候分区原则和标准，对我国的气候区划、自然区划和农业区划都产生了重大而深远的影响。1931 年，他在长期进行资料积累的基础上，发表了《论新月令》一文，提出了用物候安排农事比用二十四节气更为切合实际的新见解。这篇文章是我国物候学研究的开篇之作。1934 年，他在《地理学报》上发表的《东南季风与中国之雨量》的论文，也一直是我国季风研究的经典之作。

在推进我国气象事业的过程中，竺可桢深感气象专业人才的缺乏。为此，他不仅吸纳了大量的气象人员到气象研究所实习和进修，而且先后开办了四期气象专业培训班，培训学员数十名。这些学员，以后大都成为我国气象战线的骨干。

统一全国气象观测的程序和规范，也是竺可桢呼吁和筹划了多年的一件大事。他的这个心愿终于在 1931 年得以实现。这一年，由他和助手们拟订的《全国气象观测实施规程》经行政院批准颁发全国，使全国气象工作开始纳入统一规范。

经过竺可桢近十年时间的运筹和策划，我国现代气象事业的基础终于初步奠定。到抗日战争爆发前夕，气象研究所在仪器设备、图书资料、人员素质、业务范围、科技水平和国际影响等方面，都已大大超过了上海徐家汇观象台，成为了我国气象研究中心、人才培养基地和实际上的业务指导中心。

这时候，我国的气象工作者才算深深地呼出了一口闷气。

八年抗战与十三年育人

正当竺可桢在为我国气象事业的发展而披荆斩棘的时候，1935 年，北平发生了"一二·九"爱国学生运动。消息传到浙江，具有光荣革命传统的浙江大学也出现了学潮。一向推行法西斯主义的校长郭任远召军警包围校园，逮捕了 12 名学生。此举激起了广大师生义愤，全校学生发表《驱郭宣言》，并决定无限期罢课。1936 年 1 月 21 日，蒋介石亲临浙大平息学潮，仍未凑效，迫使国民党政府当局不得不考虑更换校长以息风波。

　　竺可桢被推荐为校长人选。他得知这一消息后，心里很是不能平静。一方面，他放不下正在开展的气象科研工作，一方面，又为浙大的前途和命运深为担忧。经再三考虑，并商之于蔡元培院长，最后还是决定不能抱"明哲保身主义"而使浙大"陷于党部之手"。

　　1936 年 4 月，竺可桢正式接任浙大校长职务。他本打算只在这里工作一年，没想到，当他的双脚跨进校门以后，就再也无法脱身了。直到 1949 年新中国成立前夕，他已经整整把 13 年的光阴献给了教育事业。

　　刚长浙大，头绪纷繁，他一方面致力于肃清郭任远的流毒，一方面提出新的办学方针。他认为，办好大学，最重要的是聘用一批好教授，"教授是大学的灵魂，一个大学学风的优劣，全视教授人选为转移。假使大学里有许多教授，以研究学问为毕生事业，以培育后进为无上职责，自然养成良好的学风，不断地培养出来博学敦行的学者。"

　　正是本着这一认识，竺可桢在稳定原有一批优秀教授如苏步青、陈建功、贝时璋、黄翼、蔡堡、周厚复等的基础上，又新聘了 30 多名具了深厚学术造诣和良好人品的教授和讲师，其中包括物理学家胡刚复、王淦昌、张绍忠、束星北、何增禄，化学家王璋，农学家卢守耕，机械工程学家周承佑，外国文学家梅光迪等。

　　正当竺可桢为办好浙大努力奔忙的时候，卢沟桥事变的枪声打响，日本侵略军发动了对我国华北的大举进攻。1937 年 8 月 13 日，日军攻打上海，战火由华北扩大到了华东。此后，日军飞机经常沿上海至南京和上海至杭州两条铁路一带进行空袭，浙大的教学工作受到严重干扰。

　　为了保证学生正常学习，1937 年 11 月中旬，浙大被迁移到了距杭州约 240 千米的建德。同年 12 月，南京、杭州相继失守，浙大被迫从建德迁往江西泰和。到 1938 年夏季，江西北部也燃起了战火，泰和的安全也受到威胁，刚在这里办学半年多的浙大，不得不再次迁移到广西宜山。在宜山住了一年多以后，1939 年 11 月，日军又在北海登陆，接着南宁陷落，宜山局势动荡不安。为此，浙大只好于 1940 年初进行第四次迁移，由宜山搬到了贵州遵义。

就这样，在八年抗战中，光迁校的奔波劳碌就达三年之久，学校遭受重大损失自是不言而喻，仅竺可桢个人经历的苦难也难以胜数。1938 年 7 月，就在浙大准备从泰和迁走之前，竺可桢先赴湖南、广西等地寻找合适的迁校地点。7 月 23 日，竺可桢在桂林友人李四光家中接到浙大从泰和打来的电报，说他妻子张侠魂患痢疾，催他速归。25 日，竺可桢回到泰和，才知妻子正卧病在床，而 14 岁的儿子竺衡却已于四天前病故。竺可桢强忍悲痛，延医为妻子治病，可终因病情太重，妻子也于 8 月 3 日撒手人寰。在半月之内，竺可桢失子丧妻，其打击之重无以复加。半年以后，当浙大已在宜山复课时，竺可桢念及妻子以往对清寒学生的关心，于是拿出他的长期积蓄一千元大洋，设立"侠魂女士奖学金"，奖给成绩好、生活困难的女学生，一是帮助清寒学生度过困难，一是寄托对于妻子的哀思。

竺可桢很快战胜了巨大的心灵创伤，又一门心思扑到教育事业上。1938 年 11 月 19 日，经过深思熟虑之后，他便在校务会议上提以"求是"为内容的浙大校训。"求是"二字，来源于明代学者王阳明的一句话："君子之学，惟求其是"。他进一步解释说，"求是"就是要"博学之，审问之，慎思之，明辨之，笃行之"。"单是博学、审问还不够，必须审思熟虑，自出心裁，独具只眼，来研辨是非得失。既能把是非得失瞭然于心，然后尽吾力以行之。"

正是得益于这种"求是"学风，所以在八年抗战的艰苦岁月，浙大仍取得了教学、科研双丰收。从 1936 年至 1944 年，浙大已由 3 个学院、13 个系、500 多名学生，发展到 6 个学院、25 个系、4 个研究所、1 个研究室、1 所分校、1600 多名学生，为国家培养了一大批英才和栋梁。

浙大的科研气氛也异常浓厚。理学院教授陈建功、苏步青、王淦昌、罗宗洛、贝时璋、谈家桢，工学院教授钱令希，农学院教授蔡邦华，文学院和师范学院教授叶良辅、张荫麟、任美锷、涂长望等，均在自己的学科范围内作出了第一流的成果。

竺可桢虽然担负着繁重的行政领导工作，却也从未放弃学术研究，并有多种论文问世。尤其值得一提的是，他在 1944 年发表的《二十八宿起源之时代与地点》，更是学术界的一颗重磅炸弹。我国古代在观察星宿时产生了二十八宿体系，然而，印度也有二十八宿，埃及、波斯也有二十八宿。虽然各国的二十八宿均有差异，但共同之点却不少，它们很可能有着共同的起源。那么，二十八宿究竟起源于何时何地呢？外国学者对这个问题的争论已达百年之久，仍然没有定论，有起源于印度说，有起源于中国说，还有起源于巴比伦说。令人遗憾的是，在这场争论中，竟无一位中国学者发表意见。竺可桢在进行长期研究和分析以后，代表中国学术界打响了第一枪。他以"横扫千军如卷席"的气势，对这场争论作出了结论性意见：二十八宿起源于中国，再传到印度，再传到其他地方。他的这一观点，以后逐步为学术界所接受。

1944 年 4 月和 10 月，英国剑桥大学教授李约瑟两次到遵义访问浙大，亲自目睹了浙大"科学研究活动的一派繁忙紧张的情景"，颇有感慨。他认为，浙大是"中国最好的四所大学之一"，是"东方的剑桥"。

1941 年 12 月，太平洋战争爆发，香港局势紧张。国民党行政院院长孔祥熙派专机前往香港，接夫人宋霭龄、女儿孔二小姐以及大批箱笼、佣人乃至两条洋狗到重庆，而许多著名进步人士则因缺乏交通工具而滞留于沦陷区。这一消息传开，浙大学生于 1942 年 1 月 16 日举行倒孔游行。国民党当局如临大敌，多次派军警逮捕学生。竺可桢对学生们这种反贪官污吏的斗争深表同情，总是千方百计保护学生，或向当局办交涉，提抗议，或向处境危险的学生提供信息，令其暂时躲避，或到监狱、集中营探望被捕学生，设法保学生出狱。因此，浙大学生曾给自己的校长赠送了两面锦旗，一面上书有"广被春风"四个字，另一面则称颂竺校长为"浙大保姆"。

1944年12月，早就对浙大这个"共产党大本营"深怀不满的教育部竟电令解散浙大，而让全体学生和年岁较轻的教职员一律从军。竺可桢顶着压力，多方呼吁，终于迫使当局收回成命，保全了浙大。

1945年抗战胜利。1946年，浙大从贵州遵义迁回杭州。浙大历史上一段最艰难的年代即告结束。

在时代的转折关头

日本帝国主义投降之后，国民党便发动了以消灭共产党为目的的内战，反饥饿、反内战的学生运动又重在浙大兴起。

1946年11月，竺可桢前往法国巴黎出席联合国教科文组织成立大会。会后，他又转辗瑞士、英国、美国等地考察，历时8个多月，于第二年6月回到国内。当时，全国笼罩着一片白色恐怖，许多进步学生遭到逮捕。10月26日，浙大学生自治会主席于子三和另外三人被中统特务所拘捕。正当竺可桢等人在设法营救时，反动当局竟将于子三暗杀于狱中，而反诬他是自杀致死。竺可桢在了解事情的真相之后，怒不可遏。11月5日，他在南京接受了《大公报》、《申报》等记者采访，对于子三的所谓"自杀"提出诸多疑问，认为这是反动当局所一手制造的"千古奇冤"。

于子三的被害，使竺可桢进一步认清了国民党当局反动、凶残的本质。他由南京返回浙大后，即号召学生们"一本过去理智态度，求是精神，决不畏难而退，不能以利害得失而放弃追求真理"，并且坚定地断言："真理在我们一边，胜利一定属于我们。"

果然不出竺可桢所料，到了1948年，形势便发生了急剧变化。国民党在军事上、政治上、经济上开始了全面崩溃，中国共产党所领导的人民革命战争的胜利已经指日可待。

1949年4月29日，竺可桢应教育部长杭立武之邀，前往上海。在那里，他见到国民党的官僚政客们已如热锅上的蚂蚁，惶惶不可终日，正在策划逃跑之计。杭立武就劝竺可桢去台湾，或去广州，均遭竺可桢拒绝。

5月6日，竺可桢在外出路上偶遇蒋经国。蒋经国力劝他去台湾，仍遭拒绝，结果不欢而散。

5月17日，竺可桢还接到台湾大学傅斯年来电，邀他去台，他也复函婉谢。

他决心留在上海，等待黎明的到来。

5月27日，上海解放，他所等待的曙光终于升起在东方地平线上。

在他滞留上海期间，浙大师生曾多次恭请他回校继任校长，但他却坚辞不受，他虽然长校达十三年之久，对浙大师生充满感情，但却更希望趁太平盛世到来之机，重新回到科研工作的岗位上去。直到9月1日，中央人民政府委任教育家马寅初为浙大校长，他才算正式告别了浙大。

7月5日，竺可桢作为知名科学家应邀到北平参加全国自然科学工作者代表会议筹备会。

9月，竺可桢参加了第一届中国人民政治协商会议。在会上，他建议在《共同纲领》中增加发展自然科学的条文，结果被采纳。

10月1日，毛泽东主席在天安门城楼向全世界宣告中华人民共和国正式成立，花甲的竺可桢站在城楼上观看着浩浩荡荡的阅兵式和群众游行队伍，恍若隔世，感慨万千。他似乎听到了新时代的脚步声，乎听到了征战的号角。

11月1日，中国科学院成立，竺可桢被任命为中科院副院长。从此，他便横刀跃马，跨上了新的征程。

跋山涉水探资源

担任中科院副院长的竺可桢，眼界骤然开阔，工作也异常繁忙。作为科学界的领导，他必须了解我国科学研究工作的全局，确立我国的科研目标和研究机构的设置，物色各个学科的学术带头人。作为科学家，他不能脱离科研工作，不能脱离具体的研究课题。

针对旧中国留下的科研机构和课题重复、派系纷繁的实际情况，竺可桢决定对原有科研机构进行大刀阔斧的调整。在认真调查研究的基础上，他提出了调整工作的三项原则：一是把调整的重点放在性质重复的研究所；二是强调科研工作的计划性和集体性；三是突出重点，予以特别支持。正是按照这三项原则，中科院把原有的 23 个研究所调整为 17 个，并另建了 3 个新的研究所，形成了中科院的雏形。在学科分布上，当时确定以北京为数理和社会科学研究中心，以上海为实验生物、有机化学、药物化学研究中心，以南京为地学和天文学研究中心。

为了发挥中科院对全国科研工作的指导作用和推动新兴学科的发展，竺可桢还倾尽全力组建地方性科研机构和新学科研究机构。在他的指导和参与下，中国科学院先后在东北、西北、华南、华东、中南和新疆设立分院。从 1953 年到 1954 年，按照竺可桢的提议，设立在陕西武功的西北农业生物研究所和设立在沈阳的林业土壤研究所相继成立。以后，他又直接参与了兰州的一系列地学研究机构的建立，使兰州成为我国沙漠、冰川、冻土方面的研究中心。他还力主在青岛海洋生物研究室的基础上，扩充力量，拓宽学科范围，建立一个综合性、多学科的海洋研究机构。

就像当年为浙江大学聘请有名望的教授一样，竺可桢还竭力为中科院寻求学术带头人。根据有关专家的推荐，中科院了解到当时有相当学术成就的自然科学家 865 名，其中有 174 人还在国外。经竺可桢的努力，一大批科学家先后来到了中科院工作，他们中间有童第周、曾呈奎、贝时璋、庄孝僡、蔡邦华、戴芳澜、汤佩松、殷宏章、潘菽、裴文中、王淦昌、汪德昭、庄长恭、王葆仁、虞宏正、叶渚沛、尹赞勋、黄秉维等。

在长期的科学工作中，竺可桢深切感到，要利用自然，必须首先认识自然。旧中国之所以经济落后，生产水平低，一个重要的原因就是对我国的自然资源和自然条件缺乏通盘的全面了解，因而更谈不上合理开发利用。为此，他把很大一部分精力投入了自然资源的考察之中。

1950 年，竺可桢先后组织了地质、土壤、植物、水生生物、地貌与经济地理等方面的调查。1951 年，他还亲自参加了海南岛、雷州半岛和广西南部热带植物资源的考察，实地调查了这些地区开辟橡胶生产的可能性。

1953 年，为了配合黄河治理，竺可桢组织了中科院的土壤、地理和植物等方面的研究人员，与水利部合作，开展了黄河水土流失的考察与定位实验站工作。

1957 年，竺可桢组织了对新疆、黑龙江流域的综合考察，对云南热带生物资源的考察，对黄河、长江流域的土壤勘察研究，对柴达木盆地

的盐湖考察。他还亲自参加了对黑龙江的考察工作。这一年，根据竺可桢的建议，中科院还正式成立了综合考察委员会，由竺可桢兼任委员会主任。

1958年，竺可桢参与了对新疆的考察，历时28天，行程4000多千米，足迹几乎遍及全疆。

1959年，竺可桢几次深入我国西部几个沙漠地区，实地指导了几个沙漠定位试验站的工作。他还不畏艰苦，亲自赴塔克拉玛干、巴丹吉林、毛乌素沙漠和河西走廊西部戈壁地区进行考察，揭开了我国大规模治沙的新纪元。

这一年，他还撰写了《改造沙漠是我们的历史任务》和《向沙漠进军》两篇文章，先后发表在《人民日报》上，大大地推动了我国的治沙工作。

1961年，年逾古稀的竺老还深入环境恶劣的西昌雅砻江流域和川西北的阿坝自治州，就南水北调问题开展调查。

1962年，竺可桢在对河南封丘的水文地质情况进行考察后，提出了在当地发展水稻生产的建议。

1963年，竺可桢又先后赴云南西双版纳、思茅和宁夏中卫沙坡头、营盘水等地，分别考察了热带植物和治沙工作。

1965年，竺可桢又察看了河西走廊的农业区划工作，并进行了大黑河荒地资源的调查。

在这些考察工作中，竺可桢也目睹了一些地区资源遭到破坏、自然条件逐步恶化的状况。为此，他一再呼吁保护自然资源，保护生态环境。他强调，对待自然资源的开发利用，必须抱整体观点、全局观点，要认识自然界的统一性，维持生态平衡。否则，如果自然界的统一性遭到破坏，生态环境就会退化，森林可能变成草原，草原则可能变成荒漠，人类就会受到自然界的报复。可惜的是，在竺可桢在世的年代，他的这些观点并未受到应有的重视。

科学研究的新高峰

竺可桢在领导科研工作的繁忙之中，始终不忘学术研究。从 1957 年以后直到"文化大革命"之前，他的研究工作进入了一个新的高峰时期。在此期间，他利用野外考察中所得到的丰富成果，加上他平时的长期积累，以及博览群书所得到的大量资料，从事研究和著述活动，写下了大量的专著和论文，发表了 60 多篇内容广泛的学术著作、工作报告和反映我国科研工作的各类文章。

物候学始终是竺可桢研究工作的重点。他作为我国物候学的创始人，从本世纪 20 年代就开始了对物候学的研究。他的第一篇物候学著作《论新月令》于 1931 年问世。这是一篇完整的物候学大纲。1962 年，在他的指导下，在全国建立起了物候观测网。1963 年，他和宛敏渭合著的《物候学》（初版）问世。此书后来又在 1973 年增订再版。

气候变迁研究，是竺可桢毕生探索的又一个领域。1961 年，他写出了《历史时代世界气候的波动》一文。1966 年，他又撰写了《中国近五千年来气候变迁的初步研究》的初稿，以后经补充修改，发表于 1972 年。这篇文章系统地阐明了我国五千年来气温的变化，创造性地开拓了一条探索我国历史上气候变迁的道路，集中反映了他在这个问题上的毕生研究成果。

在为农业生产服务方面，竺可桢也作出了独特的研究成果。在 60 年代，他除了完成了《物候学与农业》、《物候学》等著作外，还撰写了《论我国气候的几个特点及其与粮食作物生产的关系》一文。正是这篇文章引起了毛泽东主席的注意，发生了本文开头所叙述的那一段故事。

与毛泽东主席的这次谈话使他受到了极大的鼓舞。谈话的第二天，竺可桢即写了封信，附上他近期出版的《物候学》和《历史时代世界气候的波动》两本著作，由中科院派专人送给了毛主席。

除了上述学术活动外，竺可桢还撰写过大量科普性作品，宣传祖国的大好河山，介绍科学家的光辉业绩，普及某些方面的专门知识。这方面的代表作有《新疆纪行》、《黑龙江流域资源丰富》、《向沙漠进军》、《变沙漠为绿洲》、《徐光启纪念文集·序》、《谈阳历和阴历的合理化》、《用汉语拼音字母名称合乎历史发展规律》等。

竺可桢的一生还写下了大量日记。除了1935年以前的日记毁于战乱以外，从1936年1月1日开始，到1974年2月6日，即他逝世的前一天止，计38年零37天，约900万字。这是一部珍贵的近现代史料，具有重要的研究价值。

坎坷与坚毅

竺可桢在为祖国的科技和教育事业作出不朽贡献的同时，他个人却经历了一条极其坎坷的道路。

父母亲的早逝，曾在他的青少年时代留下了痛苦的记忆。盛年时期，在他为保存浙江大学而冒着抗战的烽火劳碌奔波之中，又失去了亲密的伴侣张侠魂和心爱的儿子竺衡。

解放战争期间，他们女儿竺梅投身于革命，私自去了解放区。后来，她在解放区结了婚，也生了孩子，可却于1948年因气喘病而死于大连。

张侠魂病逝后，经友人丁绪贤夫妇和李四光夫妇的介绍，竺可桢才于1940年3月与当时正在重庆中央图书馆工作的陈汲结婚。以后，家庭的温暖才又回到了他的身边。夫妻互爱互敬，昔日的创伤逐渐得到了抚慰。

到了1961年1月，竺可桢又经受了一次精神上的沉重打击：年仅40岁的长子竺津在劳改农场因不堪劳累，营养太差，加上血吸虫侵入肝脏而去世。

竺津在抗战期间初中毕业后即投笔从戎，从事抗日。1948年到国民党政府国防部二厅任一般机关工作，解放后被作为旧职人员分配到一所中学任教。1958年，他被错划为右派，投入了劳改农场。竺可桢明知竺津拥护共产党的领导，积极上进，可在当时气氛下，他却无处申诉，只好眼看儿子蒙受不白之冤，心中自然不是滋味。事实上，竺津的冤案直到1978年才得以平反，此时，竺可桢已去世四年，终于未能等到儿子昭雪的一天。

"文化大革命"开始以后，他的正常工作条件被剥夺，相当长一段时间作为被审查对象，既不能从事野外考察活动，也失去了领导科研工作的权力。在生活上，更是遇到了诸多困难。为了缩小自己与人民大众的差距，他主动削减了自己三分之一的工资，放弃了坐专车的权利，减少了住房面积，辞退了公务员和保姆。他的住房只有两间，冬天温度一般只有 10℃—14℃，办公室的温度甚至只有 6℃—8℃。这就加剧了他已有的肺气肿病的发展。

这些困难，对于竺可桢来说，似乎还算不了什么。最使他难过的是，当时中国科学院的许多领导和院内外一批知名科学家被以"反党集团"、"反动学术权威"等莫须有的罪名遭到了批斗，受到了迫害。他对此感到愤懑和不平，责问道："对敌人俘虏也不应如此，岂能这样对待有贡献的知识分子？"

无力回天的竺可桢改变不了这一局势，但却以他一直提倡的求是精神，保护了一大批知识分子和干部。在整个"文革"期间，他先后接待和处理了数百次全国各地的人事调查来访来函。他处理这样的事，总是认真翻阅自己几十年来的日记，实事求是地回答了所提的问题，使许多人遭受的不白之冤得以洗刷，缓解了这些人所受到的冲击。

"文革"的动乱极大地损害了竺可桢的健康。1971 年，他的肺气肿加剧，呼吸短促，浑身乏力。在这样的条件下，他仍坚持以室内踱步和深呼吸来维持生命运动，并经常参加接待外宾，保持着同国内外科学家的联系。他还以极大的毅力坚持写作，完成了多篇科学论文。

1974 年 1 月 24 日，竺可桢因肺气肿严重发作而再次住进了北京医院。

在医院里，他仍然记着日记，仍旧留意着天气的变化。然而，从 2 月 4 日起，他的日记内容，字迹也有些潦草。2 月 5 日，他只记下了一两行字。

2 月 6 日清晨 6 点，竺可桢打开收音机听天气预报，并在笔记本上记下了一行小字："气温最高零下 1℃，最低零下 7℃，东风一至二级，晴转多云。"写完后，他又在后边注上了"局报"二字，说明这是气象局预报的数据，而不是自己所实测的。这是竺可桢几十年的日记和科学记录的最后一份。

　　2月7日凌晨4点35分，这位杰出的科学家和教育家便走完了他84年艰辛而光荣的历程，溘然离开了人世。

侯氏制碱法的发明人侯德榜

20世纪40年代，有一位获得英国皇家学会荣誉会员称号的世界著名制碱专家，他就是我国化学工业的奠基人侯德榜。

侯德榜又名侯致本，1890年生于福建省闽侯县坡尾村的一个农民家庭里。侯德榜的青少年时代，就以刻苦学习、热爱祖国而博得了众人的赞扬。

侯德榜（1890—1974）

一个"挂车攻读"的少年

闽侯县坡尾村的侯家是个大家族。侯德榜的父亲长年务农，祖父是当地一个学堂里的教师。6 岁的德榜就开始在祖父的学堂里读书。学习非常勤奋，听、读、背、写都很认真。但是，因为家里田多人手少，父亲又体弱多病，他不得不一面上学一面帮助父亲干些农活。实际上，过的是半耕半读的生活。

虽然他经常是下课后要去干农活，放牛、积肥、车水或是插秧，但他从不放松学习。放牛、车水时还要带上书本。有一次，他随父亲下田干活。傍晚收工后，父亲就找不到他了。当时家里人都十分焦急，生怕出什么意外。大家四处找寻，最后，终因听到他的读书声，才从一片荔枝林旁找到他。这真是一卷在手，乐而忘返。

还有一次，祖父有事找他，走出村外，远远见到他正伏在水车上车水。祖父便一面向他奔去，一面高喊："德榜！德榜！"直到近处他也像是没有听见喊声，还有大声地背诵："悟已往之不谏，犹来者之可追……"祖父听后十分惊讶：这是《古文观止》里的文章，我还没教过，他怎么就能背诵呢？问后方知，他已经自学了从姑妈那里借来的不少书。后来，这件"挂车攻读"的故事，就在闽侯一带流传开来，成为赞扬少年侯德榜勤奋好学的美谈。

侯德榜的姑妈在福州城里开药铺，经济条件比较宽裕。她看到德榜这般勤奋读书，心里十分高兴。侯德榜 13 岁那年，就在姑妈的资助下，进了福州的洋学堂英华书院。他成了侯家第一个上洋学堂的人。

英华书院是美国教会在福州办的一所中学。这里不仅环境幽美，而且校舍、设备、教师水平都是一流的。侯德榜利用这里的优越条件，更加刻苦地学习，成绩优异，经常得到老师的夸奖。一位刚从国外回来任教的黄先生，非常喜欢侯德榜。他经常给侯德榜讲述科学家的奋斗故事，讲历史和一些爱国的道理，深得侯德榜的敬佩。正是在这位黄先生的影响和教育下，侯德榜才下定了走科学和工业救国的道路的决心。

1911年初，报上刊登了北京清华留美预备学堂招生的消息。侯德榜看后异常兴奋。他要力争考取这个学堂，以便出洋把外国先进科学学到手，回国后开拓自己的民族工业。

他报名后顺利通过了省里的初试。不久又来北京进行复试。由于他复试成绩优异，就直接编入清华学堂的最高年级高等科学习。这样，他只需再学一年，就可出国留学了。

十门功课一千分

在清华学堂就读的学生，大都是富家子弟。他们吃穿都十分阔气。相比之下，靠公费吃饭、农家出身的侯德榜，显得很寒酸。但他对富家子弟的生活毫不羡慕。星期天，别人去游览北京的名胜古迹，他却留在学校埋头苦读。他所想的，就是要学好功课，争取首批出国留学，学好本领，报效祖国。

入学后第一学期的考试已经结束了。全班同学都说说笑笑，坐在教室里等着教师来公布成绩。唯独侯德榜没有参加聊天，一个人在看书。同学们在背后议论他："刚考完还看书，准是没考好！"正在这时，一位美国教师走到讲台上公布成绩了。教师念的第一个名字不是别人，正是大家议论准没考好的侯德榜。他的成绩是：数学100，物理100，化学100……十门功课一千分！全班同学都惊呆了！这个全优成绩，震动了整个清华园。全校师生无不钦佩这个农家出身的青年。侯德榜的名字迅速传遍了清华园。

1911年辛亥革命爆发。清政府断绝了清华学堂的经费，11月9日学堂被迫宣布停课，学生四散，侯德榜只得回福建老家自学。半年后，1912年5月，清华学堂改名为清华学校，并通知学生复课。当时，腐败的清政府已被推翻，在中国持续了两千多年的封建皇帝专制时代已宣告结束。侯德榜是怀着欢欣鼓舞的心情北上复课的。

1913 年，23 岁的侯德榜，以优异成绩在清华学校毕业，并成为第一批赴美留学生。临行前，他和同学们特意来到位于清华园西邻的圆明园。他看到这曾被称为世界园中之王的地方，被外国侵略者毁于一炬的残破情景，禁不住一阵阵心酸。为了自己祖国不再受欺凌，他痛下决心，到国外学好先进的科学技术，在建设一个富强中国的事业中，献出自己的光和热。

在美国留学的日子

侯德榜告别祖国后，来到了美国波士顿著名的麻省理工学院，学习化工。麻省理工学院是一所实验设备先进、图书资料丰富的大学。这对于自幼就善于自学钻研的侯德榜来说，是个充分施展才能的好地方。

在麻省理工学院四年的学习期间，他的大部分时间都是在图书馆和实验室里度过的。他经常是图书馆闭馆时最后一个离开的人。为此，图书馆的管理员，就成了他极熟悉的朋友。在实验室里进行实验，他兴致更高。为了完成实验，他常常废寝忘食，不知熬过了多少不眠之夜。

在美国，娱乐场所很多。晚上，年青人总爱到酒吧间、夜总会去玩。侯德榜从不光顾这些地方。当别人在手持酒杯欢快畅饮的时候，他却在手持书本探求真知；当别人在举目观赏动人表演的时候，他却在细心观察实验现象。

就这样，经过四年的紧张学习，他以优异成绩毕业于麻省理工学院，并获得该院的学士学位。为了继续深造，1917 年后，他又到柏拉图学院和著名的哥伦比亚大学研究院，学习和研究制革化学。1918 年，获柏拉图学院制革化学师证书；1919 年，获哥伦比亚大学硕士学位；1921 年，获哥伦比亚大学博士学位。他的博士论文《铁盐鞣革研究》，在美国权威刊物上发表后，得到国际制革化学界的好评。

侯德榜从 1913 年赴美留学，到最后获得哥伦比亚大学的博士学位，经历了整整八年刻苦攻读的岁月。就在这八年寒窗即将结束的时候，他突然接到来自祖国塘沽永利制碱公司的一封信。这是爱国实业家范旭东先生邀请他回国到永利制碱公司任职。信中那恳切、真诚的言辞，充分表达了范先生为振兴民族工业而求贤若渴的心情。侯德榜看后十分感动。

但是，在美留学的后几年，侯德榜一直在研究制革，并在这一领域中已有所建树。尤其是他的博士论文，深受导师的称赞和学术界的好评。

如能回国搞制革事业，是最为合适的。现在，要他改换行当搞制碱，他能否接受邀请呢？

他想到，碱是人们生活和许多工厂生产不可缺少的东西。可当时的中国自己不能生产，全靠英国进口洋碱来维持。第一次世界大战爆发后，洋碱供不应求，价格猛涨，致使许多以碱为原料的工厂纷纷倒闭。老百姓只能吃带酸味的馒头，穿没有染色的土布。我国有大量制碱的原料海盐，可制碱技术被外国几家公司所垄断。范旭东先生面对塘沽那一堆堆像小山一样的海盐，想办起中国的制碱厂，却不知道如何生产。这难题不正是应该由学化工的中国人来承担的吗？侯德榜想到这些，毅然决定接受邀请，挑起攻破制碱技术的重担！1921年10月启程回国。

揭开索尔维制碱法的奥秘

范旭东先生得知侯德榜接受了他的聘请，心里十分高兴。他随即把建设碱厂的重任交给了侯德榜。

在今天，生产纯碱即碳酸钠的化学原理，连中学生均已知晓。可在当时，世界上除了那几家公司的少数要人之外，对谁都是一个不解之谜。

早在1862年，也就是在塘沽兴建永利碱厂的六十年前，比利时人索尔维就以食盐（即氯化钠）、氨和二氧化碳为原料，制得了碳酸钠。此法称氨碱法。1867年，索尔维设厂制出的纯碱产品，在巴黎世界博览会上受到好评，并获得铜牌奖。氨碱法被正式命名为索尔维法。

此后，英、法、德、美等国相继建成了以索尔维法生产纯碱的工厂。他们为了垄断世界纯碱市场，组织了索尔维公会，建立了技术、图纸只对会员公开，对外绝对保密的极严格的制度。即使是他们工厂的一般技术人员，也只是熟悉属他管辖的那一部分生产，全过程也不得而知。许多年来，不少国家都在探求索尔维法生产纯碱的奥秘，但均以失败而告终。无奈只得高价进口这几个公司的纯碱。当时中国市场上的纯碱，就是英国卜内门公司的产品。这家公司的经理得知中国要筹建碱厂时，就轻蔑地对范旭东先生说："贵国办碱厂办得太早了，用索尔维法制碱，日本都失败了，何况你们中国呢？再过三十年你们办碱厂也不算晚。"

侯德榜得知这些情况，万分气愤。他难以忍受洋人对中国的凌辱，决心全力以赴，尽早揭开索尔维制碱法的技术秘密。他不分昼夜地工作着，试验反复进行，设计不断修改，工艺不断改进；失败了，调查原因，修改方案，再行试验。就在试车过程中，修改、调整方案，就多达数百次。有时为了弄清一个故障的原因，他要亲自钻进下水道或是下到石灰窑。就像范旭东先生称赞他的那样："奋不顾身，寝馈于工厂，从事死拼。"

侯德榜的心血没有白费，他终于把索尔维法的技术掌握了。1924年8月13日，永利碱厂正式开工生产了。这是全厂职工盼望已久的日子。工人们认真操作，工程师坚守岗位，机器运转也很正常。但这第一批产品并不理想，纯碱不是雪白的，而呈暗红色。

对此，不少人大失所望。有的股东甚至认为，当初向永利投资是投错了门。但是，侯德榜没有因此而失去信心。经过化验，产品中的颜色是由铁引起的。他决定采用加硫化钠的方法加以解决。因为，这样管道和塔器的铁壁，可生成一层坚固的硫化铁薄膜，将铁壁保护起来，铁就不会到产品中去了。试验结果，产品颜色转白，初步获得成功。

1926年6月29日，永利碱厂第二次开车生产。雪白的纯碱，终于生产出来了！这是亚洲第一家用索尔维法制纯碱的工厂。洋人的技术封锁，终于被打破了！范旭东对大家说："这首功要记在侯博士的身上。为了今天的成功，侯博士吃尽了辛苦，受尽了磨难。他来厂三四年，连家属都顾不上去接。事业心、责任心之强令人敬佩。"

同年8月，为纪念美国建国150周年，在费城举办的万国博览会开幕了。以红三角为商标的中国永利碱厂生产的纯碱，在博览会特别引起各国的关注。这雪白的产品，是中国人打破了洋人的技术封锁而得到的。它代表着中国人的志气，象征着中国工业的进步。经大会评选，中国的红三角纯碱荣获金质奖章。

在这种情况下，如果出卖专利，也就是用制碱技术卖钱，侯德榜和永利厂都会发大财。可是，侯德榜没有这样做。他是一个深受外国技术封锁之苦的人。他想到的是：科学技术是属于全人类的，它应该造福于人类。一个真正的科学家，决不能把科学技术当作谋求个人财富的工具。他决定写一本书，把制碱技术和经验公布于世，以彻底打破索尔维集团的技术封锁。

侯德榜用了一年多的时间，完成了他的专著《纯碱制造》的英文初稿。1931年，他利用赴美进修的机会，又对全书进行了修改。1933年，该书在纽约出版。在这本书里，他着重介绍了索尔维法制碱的原理、反应、操作、设备、生产控制、技术要求及各项重要参数。他毫无保留地介绍了自己的制碱经验。

《纯碱制造》一书出版后，销路甚广，风行各国，在世界引起震动，被誉为首创的制碱名著。它不仅向世人揭示了索尔维法的奥秘，还向世人展现出一个中国科学家在科学工作上的高尚风格。

在民族危亡时刻

制碱的成功，并没有使侯德榜、范旭东裹足不前。他们想到的是，要让中国的化学工业腾飞，碱只是它的一翼，还缺少的另一翼就是酸。有了硫酸和氨，就可以自己生产化肥硫酸铵。范旭东制定了办硫酸厂、合成氨厂、硫酸铵厂和硝酸厂的计划，并将永利制碱公司改名为永利化学公司。侯德榜任总工程师。考虑到水陆交通运输的便利，选定的厂址在南京对岸的卸甲甸。

经过几年的筹备，克服了重重困难，1937年初，硫酸厂、合成氨厂、硫酸铵厂、硝酸厂都陆续投产了。但是，投产才几个月，抗日战争爆发了。日寇长驱直入，迅速逼近南京。

在这民族危亡时刻，日寇先以利诱手段要求"合作"办厂；遭拒绝后，又以武力相威胁，对工厂大肆轰炸。厂房遭到严重破坏，生产无法继续进行。公司决定西迁四川，在华西重建我国的化工基地。

侯德榜满怀对日寇的愤恨，指挥大家整理图纸、资料，拆卸仪表、机件，一批接一批地运往四川。1937年12月5日，侯德榜最后一批，也是最后一个离开工厂登上"黄浦号"轮。他顶着风雨站在甲板上，悲痛地望着那渐渐远去的工厂，情不自禁地高喊："我们一定会回来的!"

跟随范旭东、侯德榜西迁的还有一大批技术人员。入川后，侯德榜就带领一些技术人员，冒着敌机轰炸的危险，在川西、云贵一带勘察资源、选择厂址。最后选定在四川的犍为县一个名叫道士观的地方建厂。这一带不仅盛产食盐，而且煤、铁、石灰石资源也很丰富。为了纪念塘沽，把"道士观"改称"新塘沽"。

但是，在新塘沽能否顺利地生产纯碱呢？事情并不那么顺利。这里有一个不利因素，就是四川出产的食盐不是海盐，而是井盐。其价格要比塘沽的海盐贵几十倍。用索尔维法制碱，食盐的利用率只有70%。这样，生产起来每天浪费的食盐，就不容忽视了。

难题摆在侯德榜面前，他是怎样解决的呢？

侯氏制碱法的诞生

当时，德国有一种食盐利用率较高的制碱方法，称察安法。这是德国人格鲁德和吕普曼改进索尔维法而提出的。食盐利用率可达90％。在德国、捷克已采用察安法进行生产。由于此法工艺上还很不完善，所以这些地方都还处于小规模的间断生产阶段。

侯德榜决定先去柏林，对察安法制碱进行参观、考察。但是，当时我国正处抗日战争时期。在国际上，德、意、日法西斯是相互勾结的。德国也决不会支持我国发展民族工业。当侯德榜一行来到德国时，碱厂都采取了严格保密的措施，不许到生产现场参观。当侯德榜一行与对方谈判购买专利时，又处处受到刁难。德方要永利公司给8万美元，才能设计一个日产10吨的试验厂，并限制产品不许在我国东北三省出售。这种辱我中国的无理要求，当即受到侯德榜的严辞驳斥。谈判随即中止。

侯德榜气愤地离开了德国。他决心自己探索制碱新方法。

在科学上，一种新的理论、新的概念、新的见解的建立，往往都是在分析、总结前人的经验的基础上实现的。在生产技术方面，也常常是这样。

为了探索制碱的新方法、新工艺，侯德榜首先对索尔维法的缺点认真进行分析、研究，并对察安法反复进行了试验。

索尔维法的主要化学反应是：

$$NH_3 + CO_2 + H_2O = NH_4HCO_3$$
（氨）（二氧化碳）　（水）　　（碳酸氢铵）

$$NH_4HCO_3 + NaCl = NaHCO_3 + NH_4Cl$$
　　　　　（氯化钠）　　（碳酸氢钠）　　（氯化铵）

$$2NaHCO_3 \xrightarrow{\text{加热}} Na_2HCO_3 + CO_2 + H_2O$$
（碳酸钠即纯碱）

上述第三步反应生成的二氧化碳，可回收利用参加第一步反应。上述第二步反应生成的氯化铵再与生石灰反应生成氨，重做原料使用：

$$2NH_4Cl + CaO = 2NH_3 + CaCl_2 + H_2O$$
（氧化钙即生石灰）　　（氯化钙）

这一方法的最大缺点是，生成的氯化钙无法利用，成了堆积如山的废弃物。要克服这一缺点，就是不仅要把原料食盐（氯化钠）中的钠变为纯碱（碳酸钠），还应把其中的氯变为有用的产品。这一想法如何实现呢？再看看察安法是怎样一个过程吧。没有技术资料，只能靠试验去摸索。

在侯德榜的指导下，为了摸清察安法的工艺过程，采用不同温度、不同原料比、不同加料顺序等多种不同条件，反复进行试验达 500 次之多。

针对索尔维法和察安法存在的问题，侯德榜提出了综合两法之所长克服两法之缺点的一个新设想：一、把制碱工业与合成氨工业联合起来进行生产，使氨厂的产品氨和废气二氧化碳，都成为碱厂的原料；二、取消用氯化铵与生石灰反应回收氨的过程，改为在含氯化铵的滤液中，加入食盐并降温，析出氯化铵的晶体；三、滤出氯化铵的剩余溶液，经吸收氨和二氧化碳，还可制出纯碱。此法的优点是使食盐中的氯得到利用，除生产纯碱外，还生产出氯化铵（化肥），得到两种产品。提高了原料利用率，大幅度降低了成本。由于取消了石灰窑、蒸氨塔等设备，设备投资可减少三分之一。

1943 年冬天，侯德榜的设想——氨碱联合流程，在四川的永利厂试车成功，食盐利用率高达 98％。这就是世界著名的侯氏联合制碱法。

1943 年 10 月，英国皇家学会化工学会授予侯德榜名誉会员称号。这是国际化工界极高的荣誉。1944 年 6 月，美国哥伦比亚大学又授予侯德榜荣誉科学博士学位。

在事业获得成功、荣誉接踵而来的时刻，侯德榜依然保持他那谦虚好学、埋头事业的高尚精神。当纽约的同事们为侯先生荣获英国皇家学会名誉会员称号，要开庆祝会时，被侯德榜阻止了。他说："现在国难当头，我们肩上担子沉重，庆祝会免了吧。希望大家用辛勤的劳动来表示对我的祝贺。"

有一次，一位华侨学生在国外见到侯德榜，便问："一个潜心科学的学者，在成功之后应该注意些什么？"侯德榜用了印度诗人泰戈尔的一句名言回答他："鸟的翅膀系上黄金，就再也飞不起来了。"

1947 年，印度塔塔公司曾以 10 万美元的年薪聘请侯德榜任总工程师。但他没有接受这高薪聘请的职位。他对塔塔公司的总经理说："开展技术合作，是我公司的一贯主张。科学是没有国界的。但是，科学家是有祖国的。我的祖国需要振兴工业，我不能离开自己的国家和二十多年来跟我苦乐与共的事业。"这位总经理听后深受感动，只好改聘侯德榜为最高技术顾问。

几经周折返回祖国

1949年5月，在侯德榜第五次赴印度塔塔公司指导工作期间，上海解放了。接着，他又收到来自塘沽的一封电报，告诉他中共中央领导对永利公司非常关心，并对他本人十分敬重，希望与他共商国家化工大计。

侯德榜看了电报，心情十分激动。他没想到共产党对发展民族工业这样重视，对他本人评价这样高。他决定结束在印度的工作，立即返回祖国。

当他和随行人员从加尔各答飞往香港时，路经泰国，就受到刁难。当局认为护照是国民党政府签署的，目的地是上海，而上海已由共产党控制，护照应废除。泰国当局的这一无理要求，是在国民党政府的授意下提出的。侯德榜亲自进行交涉，告诉他们：中国的上海由谁控制，是中国的内政，外国无权干涉。不放行是无理的。最后，泰国当局不得不改变态度，允许放行。

侯德榜一行到香港后，国民党政府又采用各种手法，对侯德榜进行拉拢和刁难，妄图迫使他同意去台湾，或留香港，或赴美国，千方百计阻止他离港返回大陆。但这一切，都没有动摇侯德榜要回祖国大陆的信念。

当时的香港，已隔断了去上海或天津的交通。在人民政府的帮助和安排下，只好取道仁川返回大陆。

当侯德榜乘坐的英国轮船到达仁川时，南朝鲜就有人到船上来，要以重金聘请侯德榜留在南朝鲜工作。他没有答应。为防止意外事情发生，他七天七夜都留在船上没有上岸。

就这样，历经50余天的周折，排除种种刁难，冲破重重阻拦，这位令世人注目的制碱专家，终于在1949年的7月回到北京。

侯德榜回到北京不久，周恩来同志就亲自来到东四七条永利办事处看望他。这使他深受感动。周恩来同志祝贺他克服重重困难回到祖国，赞扬他的爱国主义精神，并请他参加政治协商会议，共商国家大计。几天后，毛主席又亲切接见了他，听了他对复兴工业的设想。9月，他出席了中国人民政治协商会议，并当选为全国政协委员。1950年，他又被任命为中央财经委员会委员和重工业部化工局顾问。1957年，他加入中国共产党；1958年，被任命为化学工业部副部长，年已68岁。侯德榜的晚年，为发展新中国的化学工业，作出了重大贡献。

1974年8月26日，侯德榜这位为振兴中华化工事业献出毕生心血的科学家，因患脑溢血医治无效，不幸逝世，享年84岁。遵照侯德榜的遗嘱，家属把他最珍贵的藏书全部献给国家。由于他平日的经济收入大都用于资助我国的科技事业和亲友，死后他没有给子女留下遗产。

（张学铭）

桥梁专家茅以升

1937年9月26日，天还未亮，杭州月轮山下的钱塘江畔已经人头攒动，热闹非凡。这一天是钱塘江铁路、公路两用桥通车典礼的日子。人们从四面八方赶来，为的是要亲眼目睹这座完全由中国人建设的现代化桥梁的雄姿，要在这个全国人民为之骄傲和振奋的时刻留下一个永志不忘的记忆。

凌晨4点，一列长长的火车，带着欢快的节律，长鸣一声，隆隆驶过大桥。岸边掌声雷动，欢呼声响成一片，钱塘江桥工程委员会主任、工程处处长茅以升更是激动万分，止不住的泪水夺眶而出。此时此刻，他如置身于梦幻境界。如烟的往事一齐涌上心头，带给他几分辛酸，几分慰藉……

中国人造桥，有着悠久而光辉的历史。我国古代的桥梁专家和工匠们曾经以杰出的构思和精巧的工艺，建造了千万座桥梁，在世界科学史上留下了一系列叹为观止的奇迹。如建造于一千三百多年前的赵州桥，建造于九百多年前的泉州跨海桥，建造于

八百多年前的卢沟桥，等等，都是人类文明史上不可多得的杰作。

然而，到了近代，由于帝国主义的入侵和封建统治阶级的日益腐败，我国的建桥技术才逐渐衰败下来。当一座座现代化的铁路、公路桥在西方不断出现的时候，在我国广阔的国土上，却始终没有一座由中国人自己建造的现代化桥梁。为了掠夺我国的资源和财富，帝国主义侵略势力把持着中国的铁路和桥梁建设大权，在我国桥梁建设史上，留下了一页令炎黄子孙汗颜与切齿的记录：美国人修建了珠江大桥，英国人修建了蚌埠淮河大桥，德国人修建了济南黄河大桥，俄国人修建了哈尔滨松花江大桥，日本人修建了沈阳浑河大桥，法国人修建了云南河口人字桥，法国人与比利时人合建了郑州黄河大桥……

这种屈辱的历史难道还要长期延续下去吗？不，中国人应当有自己的桥梁专家，应当在中国的土地上建起自己现代化的桥梁！

本世纪二十年代初，留学美国的茅以升学成归国。他开始在自己的国家培养桥梁专业人才，筹划国家的桥梁建设事业。他终于以超人的智慧和顽强的毅力在桀骜不驯的钱塘江上架设了第一座现代化的桥梁，揭开了我国现代化桥梁建设史的新篇章。

少年立志

茅以升于 1896 年 1 月 9 日出生在江苏省南部的风景名胜古城——镇江。

茅氏家族是当地的一个名门望族，其原籍为河南开封。在北宋末年，当金兵侵犯中原时，茅家为避战乱，迁移到了镇江。茅以升的祖父茅谦是一个举人。在中日甲午战争之后，他积极参与康有为、梁启超等人发起的变法维新运动，力主兴办学堂，发展实业。与此同时，他还对根治水患、兴修水利怀有浓厚的兴趣，一生考察了许多大江大河，并有《水利刍议》专著问世。茅以升的父亲茅乃登是江南官书编译局的编辑，同样也提倡并致力于新教育。母亲韩石渠是一名胆识过人的知识妇女，深为后辈敬重。

在这样的家庭环境中，茅以升从小就受到了良好的教育。在他出生十个月之后，祖父便决定举家搬迁到南京，以利于孙子获得更为有利的学习条件。

在南京定居六年之后，以升便跟着哥哥以南到蒙馆去上学。这种以背书为主要内容的识字教育，使茅以升感到难于忍受。好在到了1903年，一些受到"戊戌变法"影响的知识分子在南京创办了一所新型小学——思益学堂，茅乃登还担任了这所学校的业余义务国文教员，茅以升弟兄自然也得到了接受新教育的机会。

进了思益学堂，茅以升感到眼界大开。那里开设的国文、算术、自然、历史、地理等课程，无不深深地吸引着他，使他享受到了吸收新鲜知识的快乐。

1905年端午节前一天，茅以升与几个同学相约，第二天去秦淮河看龙舟比赛。然而事不凑巧，就在这天晚上，他的肚子突然痛了起来，观看龙舟比赛的约定竟因此而泡汤。

第二天，茅以升人在家里，心却飞向了秦淮河。他想象着那热闹非凡的场面，惋惜自己丢掉了这一难得的机会。

正当他惆怅若失的时候，头天与他相约的几个同学却慌慌张张地跑到了他的家里。刚一进门，他们便异口同声地向他报告着发生在秦淮河上的惨案："不好了，秦淮河上出事了。看龙舟比赛的人太多，把河上的文德桥压塌了，不少人掉到河里淹死了。"

这一消息的确使茅以升大为震惊。他未及思索，脱口问道："那桥怎么会塌的呢？"

"桥不结实呗。不仅桥拦杆被挤断了，连桥面板也掉到河里了。"同学们回答说。

文德桥的坍塌在茅以升的心中留下了一片抹不掉的阴影。事后，他同父亲一起去观看事故现场。父亲告诉他："这座文德桥是明朝开国皇帝朱元璋为自己树立的一块纪念碑。朱元璋定都南京以后,大兴土木,在府学(省立大学)门前的秦淮河上建造了文德桥。在其后的 500 年间,这座桥在战乱中屡毁屡建,谁也没有想到以造福于百姓为目的的桥梁竟酿成如此灾祸。真是载舟之水亦覆舟啊!"

听了父亲的一席话,茅以升的心头不是滋味。他想,如果当初把桥造得结实一点,许多人就不用付出生命的代价。自己将来若有机会造桥,一定要从文德桥的坍塌吸取教训,一定要造得比文德桥好!

从此,茅以升对桥发生了强烈兴趣。每遇一座桥,他都要从桥墩到桥面仔细审视一番,看看这桥造得是否结实。其实,那时他不过是一个 9 岁的孩子,并不懂得桥梁结构,也无法作出桥是否结实的判断,但爱桥的种子却已播撒在他的心田。这种子以后果然萌生起来,以致主宰了他一生的生活道路。

"神笔"的秘诀

1906 年,仅上过三年小学的茅以升,竟然考上了南京的中等商业学校,成了全校年龄最小的学生。

祖父见孙子如此有出息,心中暗喜,却不轻易表露出来。他总是千方百计把孩子引上奋发自强的道路。

有一天,祖父将茅以升叫到身边,说是要给他讲一个故事。

茅以升从小就爱听祖父讲故事。这次见祖父主动要讲故事,自然十分高兴。他搬了一个小凳,坐到祖父身旁,催促说:"爷爷,您快讲吧。"

祖父开腔了:"很久很久以前,有一位白发老人住在东海边的一座高山密林之中。这位老人有一支神笔,画什么就可以得到什么。用它画鸟,鸟能飞;用它画鱼,鱼能游;用它画房子,房子可以住人;用它画桥,桥就凌空飞架……许多达官显贵、纨绔子弟得知这一消息,趋之若鹜,都想得到这支神笔,以便画出宫殿屋宇、轻裘肥马、美食佳肴,供自己享用。可是，这些人虽然挖空心思，却怎么也得不到这支神笔……"

"为什么得不到呢？"凝神聆听的茅以升有些沉不住气了，打断了祖父的话。

祖父笑了笑，接着说："这正是我想告诉你的话。因为要得到这支神笔，必须掌握一个秘诀，而那些达官显贵和纨绔子弟们又恰巧不懂这个秘诀。"

趁祖父停顿的时候，茅以升又问道："神笔的秘诀究竟是什么呢？"

这回，祖父没有立即给出答案。只见他站了起来，先在砚台上磨好墨，又在桌上铺开一张宣纸，然后提笔写下了"奋斗"两个大字。他把这两个字交到茅以升手中，并且对他说："这就是神笔的秘诀。'奋斗'和成功总是联系在一起的，不懂得或不愿意'奋斗'的人，将永远一事无成。"

茅以升这才恍然大悟：祖父给讲这个故事，原来是要让自己懂得唯奋斗才能成功的道理啊。从此，他把"奋斗"二字珍藏起来，并且时时以此自勉。

在祖父和江南中等商业学堂的柳翼谋等学者的影响下，茅以升首先向古文发起了攻击。只要一有时间，他便钻进祖父藏书的小阁楼里去翻阅古书，或到河边颂读古典诗文。不久，他不仅背熟了《滕王阁序》、《阿房宫赋》、《兰亭序》等古文，而且对这些文章的意思有着透彻的理解。

对于自己记住了的诗文，茅以升还一遍又一遍地默写。这样做，一是可以加深自己的记忆，一是可以练习书法艺术。后来，成了大科学家的茅以升，之所以有着深厚的古文功底和娴熟的书法技艺，就是得益于少年时代所奠定的基础。

茅以升攻击的第二个目标是外语。他认为，外语是一种用途特别广泛的工具，学会了一门外语，就等于为自己开辟了一片新天地。于是，他同时攻读英语和法语，熟记了大量的单词。还是在中学时代，他就可以阅读原版的外国文学名著，并因此而成为外国文学爱好者。

除了学习古文和外语之外，茅以升还把这种奋斗精神用于体魄锻炼。他虽然身材矮小，却是足球场上的健儿。从少年时代起，他把冷水浴作为增强身体抵抗力、防止感冒的一个方法长期坚持下来。每天早晨，他总是用冷水洗脸，午后又用冷水洗身，即使在严寒的冬天，也从不间断。

正是这种持之以恒的奋斗精神，终于使茅以升得到了一支"神笔"。日后，他用这支"神笔"在祖国的大地上、在科研工作中、在科普园地里，画出了一幅幅美不胜收的图画，写出了流传千古的文字。

一个神话故事，就这样在茅以升的生活中变成了活生生的事实。

两个引路人

从江南中等专业学堂毕业以后，茅以升决定去北京报考清华学堂，因为那时的清华学堂正招收留美预备生。

1911年8月，他与好友裴荣结伴赴京投考，岂知当他们到达北京时，留美预备生招生工作已经结束。在无可奈何之中，两人一合计，决定连夜赶往天津，报考唐山路矿学堂。

这次考试果然顺利，两人均被录取。

开学典礼那天，校长赵仕北特意向全校师生介绍了自该校建校以来年龄最小的少年大学生——15岁的茅以升。

唐山路矿学堂是一所由京奉铁路局和开滦矿务局联合创建的大学。这所学校有一批优秀的教师，也有一批优秀的学生。在这里的五年中，茅以升耳濡目染，潜移默化，受到了良好的教育和影响。

在众多的良师中，罗忠忱是对茅以升影响最深的一个。罗教授早年毕业于美国康奈尔大学土木工程系。在唐山路矿学堂担任材料力学、应用力学等基础理论课教学。他向学生传授知识，总是循循善诱，注重引导学生一起思考问题。他讲课，逻辑严密，深入浅出，很容易为学生所接受。

他对学生要求甚严。他主持考试，规定必须按时交卷；拖延时间者一分不给。他还规定，计算题答案必须取三位有效数字，用计算尺计算只准第三位数有误差；不符合此规定的一律以零分计。茅以升开始对此不大理解，他曾问罗教授为何要如此严厉。罗教授意味深长地说："我们搞工程的，数字一旦出错，后果不堪设想。因此，在学生时代必须对数学计算进行强化训练，以养成严谨治学的习惯。"

在为人处世方面，罗教授也堪称楷模。他一生从事教育事业，把全部精力奉献给自己的学生。因此，在当时中央研究院的院士选举中，他竟因缺少论著而落选。当大家都为他感到不平和惋惜时，他只是淡然一笑："功名利禄都不过是过眼烟云，我只求弟子遍天下，一代更比一代强。"

茅以升对罗教授心存敬意，处处以他为榜样来规范自己的言行。他把罗教授视为自己终生的引路人，而这种引路又恰恰是他走向成功的前奏曲。

除了罗忠忱教授外，茅以升在唐山路矿学堂还有一另一个引路人，这就是他的同窗好友李乐知。

李乐知与茅以升均对数学有浓厚的兴趣，两人常常在一起讨论数学难题，制订学习计划。他们共担忧患，共享欢乐，犹如兄弟一般。

然而，由于不可抗拒的原因，这对朋友不得不中途分手。李乐知虽然好学上进，但却家境贫寒，无力支付学费，只好辍学回家。临别时，茅以升书写了一幅"海内存知己，天涯若比邻"的条幅相送，二人相对无言，潸然泪下。

李乐知回家之后，常与茅以升有书信往来。他们在信中互报忧乐，切磋学问。凭着顽强的毅力和锲而不舍的精神，李乐知终于自学成才，担任了陇海铁路的总工程师。在此期间，他仍对数学和数学史的研究保持着浓厚的兴趣，即使在陇海铁路的紧张施工之中，他住在帐篷里也还在潜心钻研数学问题。及至五十年代，他出任中国科学院自然科学史研究所所长，并有《中国数学史》专著问世，赢得了他在学术界的良好声誉。

在茅以升的整个求学期间，甚至在他以后几十年的工作中，罗忠忱、李乐知这两位良师益友的形象无时不在他的心中闪烁着光辉，给他增添前进的动力。茅以升把对罗教授和李乐知的敬重化作刻苦学习的自觉行动。在唐山路矿学堂求学五年，他记录和整理了200本笔记，总字数达900多万，摞起来足有两人高。

为了锻炼记忆力，茅以升还把背诵圆周率小数点后的无限不循环小数当做一件乐事。要背诵这些枯燥乏味的数字，实在不是一件容易的事情。起初，他虽然费了很大的劲，却仍然只背到了小数点后的第32位。但他坚韧不拔，一遍一遍地往下记，最后终于背出了100位。当他在一次春节联欢会上把背诵圆周率作为节目进行表演时，师生们无不感到吃惊，纷纷询问他有什么记忆的诀窍。茅以升诚恳地回答说："什么诀窍也没有，就是要下死功夫。"

正是这种"下死功夫"的劲头，终于使茅以升以优异成绩完成了唐山路矿学堂的学业。在毕业考试中，他的一份卷子竟破例得了120分。学校一直把这张试卷保存至今，以作为对历届学生进行刻苦学习教育的材料。

茅以升实际上成了唐山路矿学堂（后改名唐山工学院）数以万计的学生的"引路人"。

异国求学

茅以升从唐山路矿学堂毕业后，适逢清华学堂招收留美官费研究生。当时报名的人很多，而录取名额仅有10人。茅以升毫不犹豫地参加了这一角逐，结果他以第一名的成绩被录取。

1916年9月，20岁的茅以升告别了亲人，乘远洋客轮途经夏威夷抵达旧金山，然后乘火车来到美国东部的伊萨卡城，就读于康奈尔大学桥梁专业。

刚到康奈尔的时候，报到注册处的负责人用怀疑的目光问他："你来自唐山路矿学堂？这所学校我们可从来没有听说过啊。凡进我校的学生都必须通过合格考试，你有把握吗？"

茅以升没有直接回答，只是点了点头，那意思好像是说：这一切我都明白。

不久，入学考试的结果公布了，茅以升的成绩在所有美国参试学生的成绩之上。

按规定，从大学本科毕业到取得硕士文凭需要两年时间，而茅以升却以一年的时间学完了硕士研究生的全部功课。毕业典礼那天，校长把亲笔签名的硕士文凭发给茅以升，并当场宣布了一条规定：今后凡有唐山路矿学堂的学生来康奈尔作研究生，一律可以免试入学。

茅以升的导师、康奈尔大学桥梁系主任贾克贝教授深为自己的学生取得的优异成绩而自豪。他一方面对茅以升表示祝贺，一方面告诫他不

要以理论学习的成绩为满足，还要结合实际，多学一些绘图、设计、金工、木工、油工等方面的造桥技术。此后，经贾克贝教授介绍，茅以升来到了匹兹堡桥梁公司进行实习。

刚刚取得硕士文凭的茅以升心里又有了一个新的目标：专攻桥梁力学，拿下博士学位。恰好在这时，匹兹堡的加理基工学院桥梁系招收夜校学生，并设有工学博士学位。茅以升立即去投考。从此，他白天在公司工作，晚上就到加理基工学院去上学。

读博士学位必须先学完一门主科和两门副科。茅以升选桥梁为主科，高等数学为第一副科，科学管理为第二副科。此外，他还选定法语为第二外语。经过一年的苦读，他便学完了需要两年时间才能学完的课程，提前一年开始博士论文的写作。

那是 1919 年年初，茅以升刚过完 23 周岁的生日，巴黎和会的消息便随着电波传遍了全世界，并激起了中国人民和世界各地的炎黄子孙的极大愤慨。

巴黎和会是第一次世界大战中的战胜国在巴黎近郊召开的一次对德缔结和约的会议，中国作为战胜国也派代表出席了大会。然而，在这次会上，英、美、法等帝国主义列强妄图重新瓜分世界，漠视中国主权和战胜国地位，非法决定让日本继承德国战前在山东的特权。

消息传到了匹兹堡，正在专心写博士论文的茅以升再也坐不住了。他作为匹兹堡中国留学生会副会长，积极为报刊撰稿，抗议巴黎和会的无理决定。4月30日晚，他主持在加理基音乐厅举行"中国夜"宣传晚会，并在会上宣读了由他起草的中国留学生抗议声明。四天以后，国内爆发了著名的"五四"运动，开展了一场声势浩大的反帝爱国斗争。从此以后，茅以升一方面继续领导着学生运动，一方面进行博士论文写作。这年12月，一篇长达30万字的博士论文《框架结构的次应力》终于完稿，并通过了论文答辩，获取了博士学位。

这篇论文以其许多独到的见解在土木工程学界引起了极大的反响，一些知名科学家也撰写文章，对这篇博士论文大加赞扬，并把其中的科

学创见称之为"茅氏定律"。

贾克贝教授更是心情激动。他把论文推荐给康奈尔大学,学校奖给了茅以升一枚以该校原土木工程系主任菲梯士的名字命名的"菲梯士"金质奖章。

1919年12月14日,茅以升结束了三年的留学生活,带着硕士、博士证书,带着"菲梯士"奖章,告别了师友,启程返回自己的祖国。

年轻教授的革新实践

茅以升从国外带回来的不仅仅是学位和荣誉,而且也带回了国外一些先进的教育思想和管理办法。

首先,他对当时中国的教育制度进行了一番剖析。他认为,中国几千年的封建传统教育制度的一个致命的弱点是理论脱离实际。教师始终是教学中的主体,学生始终是受体,只能被动吸收教师所灌输的知识。后来,我国的教育虽然从学制和课程、教材等方面抄袭了欧美等国的一些东西,但那也只不过是学来了一些皮毛,而并未触动封建主义书院式教学体制。

在洞察了这种既保留了封建灵魂、又承袭了欧美躯壳的教育制度的弊端以后,茅以升决定亲自实践一番,在教育方面来一番大刀阔斧的改革。

1920年,24岁的茅以升教授在担任了唐山交通大学副校长的职务之后,还身兼结构力学、土力学、桥梁设计、桥梁基础等课程的任课教师。在教学中,他刻意把学生推上主体地位,采用了启发式的教学方法。每节课的前10分钟,他总是指定一名学生就以前学过的内容向老师提出疑问,以便从学生提问的深浅,来判断学生对知识的掌握情况。如果学生所提的问题让老师难于解答,则给满分;如果这个学生实在提不出问题,则由另一学生提问,而由那个提不出问题的学生来给予回答。

这种新的教学方法的确收到了教学相长的明显效果。学生纷纷开动脑筋思考问题，积极查阅有关资料，认真研究学习中的重点、难点和疑点，气氛异常活跃；老师则可以从学生的提问中进行有针对性的教学，并迫使自己去思考和研究一些过去从未想过的问题。以后，茅以升曾主持过一些学科的讨论会，不少研讨内容就是来自学生们的提问。

茅以升在南京东南大学任工科主任时，还第一个推行了"学分制"。学生可以自由选课，选茅以升课的学生在百人以上，创全校最高纪录。著名教育家陶行知在亲自听了茅以升的讲课以后，深有感触地说："这的确是个崭新的教学方法，是教学上的革命，在我国教育事业上开创了一个先例。"

茅以升针对我国工程教育中理论脱离实际的弊病，提出了"先习后学、边习边学、既习又学"的工程教育思想。他主张科研、教学和生产互相结合，交叉进行。桥梁专业的一年级新生，要先去桥梁工地实习测量、地质、工程材料等实践知识，然后再学习与桥梁有关的课程，如结构学、基础学、河工学等，并到工地学习木桥、钢桥、钢筋混凝土桥的施工方法。二年级学生则学习设计规范，并到工地上去当助理技师，由工程师在现场进行设计指导。三年级学生再学习工程力学、材料力学、土壤力学、水力学、机械、冶金等基本理论，还可到工地当助理公务员。四年级学生则在校学习基础学科，如微积分、物理、化学、经济学等，并到实验室作材料、水力、机械、电机等方面的实验。经过这样训练的毕业生，在走上工作岗位后就可以正式担任桥梁公务员。

从 1920 年到 1933 年，在十多年的时间内，茅以升先后在唐山交通大学、南京东南大学、天津北洋大学任教。他始终如一地贯彻自己的教育思想，为国家培养和造就了大量的工程技术人才。

"八十一难"造大桥

1933年3月间，正在天津北洋大学任教的茅以升先后接到杭州浙赣铁路局局长杜镇远和浙江省公路局局长陈体诚的来函。他们告知的都是同一件事：为了改善浙江省内交通状况和适应浙江省铁路、公路向邻省辐射的需要，省建设厅厅长曾养甫已酝酿了在钱塘江上兴建一座铁路、公路两用桥的计划，并想把建桥任务交给茅以升主持。

在钱塘江上建桥，是茅以升早已存在的愿望。他深知，这座即将建设的大桥，将是中国人自己建造的第一座现代化大桥。自从他目睹了文德桥坍塌的惨况以后，他就萌生了建桥的理想，因而引导他最终走上了学习桥梁专业的道路。如今，从他获得博士学位算起，也已经过去十多年了，可他除了在修建南京下关惠民桥和修理济南黄河大桥的工程中做过一些工作以外，建设中国现代化桥梁的愿望还一直未能实现。现在，天赐良机，他怎能不欣然应命呢！

1933年8月，茅以升被任命为钱塘江桥工程委员会主任委员和钱塘江桥工程处处长。他还特意请来了他在康奈尔大学的同班同学罗英担任大桥建设的总工程师，建桥准备工作便紧锣密鼓地展开了。

在钱塘江上建桥，可不是一件容易的事情。这条江的上游虽然只是一条普通河流，可它流经杭州的时候，已是一条江面宽阔的大江，以后逐渐形成喇叭形的出海口。上游山洪爆发时，奔腾直下的江水如脱缰之马；下游海潮涌入时，波涛汹涌的恶浪如山崩之势。江底流沙堆积，厚达40多米。因此，杭州人有一句歇后语：钱塘江造桥——办不到。

现在，茅以升、罗英等人正是要把一件被人们认为"办不到"的事情变为现实，其难度之大，可想而知。

经过半年的勘测设计，一份《钱塘江桥设计书》便已摆到了茅以升的书桌上。按照这个设计，桥址选择在杭州西南的闸口。桥型为双层联合式，下层是单线铁路桥，上层是双线公路桥和人行道。大桥全长1453米，江中正桥长1072米，共15个桥墩，除6个在岸边外，另9个均在流沙堆积的河床。建桥工期定为两年半。

为了争取时间，茅以升和罗英等人对施工方法进行了反复研究，最后大家一致同意了茅以升提出的"上下并进、一气呵成"的新的施工法，这就是基础、桥墩、钢梁三个主要工程同时进行。为加快正桥桥墩的施工，在江中打木桩的同时，便在岸上做沉箱；木桩一打好，即可将沉箱浮运到木桩上；放好了沉箱，筑桥墩的工作便可马上开始。与此同时，钢梁的拼装也在抓紧进行。邻近的两个桥墩一建好，立即架设一孔钢梁。

1935年6月，打桩正式开始。茅以升、罗英亲临打桩船上指挥施工。没想到，第一天就碰了一个大钉子。汽锤打了两个多小时，第一根木桩竟一点儿也没有打进去。罗英提议换个大汽锤，结果又把木桩打断了。再换一根木桩，仍然被打断。工人们忙碌了一昼夜，结果只打进了一根桩。

这下可把茅以升急坏了。他在心里默念着，9个水中的桥墩需要打1440根桩，按这个速度打下去，光打桩就要花四年多时间，大桥怎么能在两年半内完工呢？

夜深人静之时，茅以升和罗英仍在研究如何改进施工方法。方案一个个被提了出来，又一个个遭到了否定……

第二天，正值茅以升母亲的生日。在家人的催促下，茅以升不得不暂时放下工作，心事重重地回到上海。

母子刚一见面，茅以升就把工地的紧张情况和施工中的困难告诉了母亲。母亲听了，竟爽朗地一笑："唐僧取经，经历了九九八十一难；唐臣（茅以升的号）造桥，看来也非得经历'八十一难'不可。"

母亲的话虽然给茅以升鼓了劲，可打桩的这一难关还是冲不过去啊！从母亲的房间出来，茅以升来到院子，见邻居家来玩的一个小孩正拿着一把铁壶往花盆浇水。由于水流太急，花盆的泥土竟被水龙冲出了一个个小洞。

茅以升看着看着，脑子里立即涌起了一个灵感。他在向母亲祝贺生日之后，便急急忙忙返回工地，提出了用"射水法"清除泥沙的新方案。这个方案的具体办法是，用机器把江水抽到高处，再让江水通过水龙带冲击江底，并在冲出洞来的地方打桩。

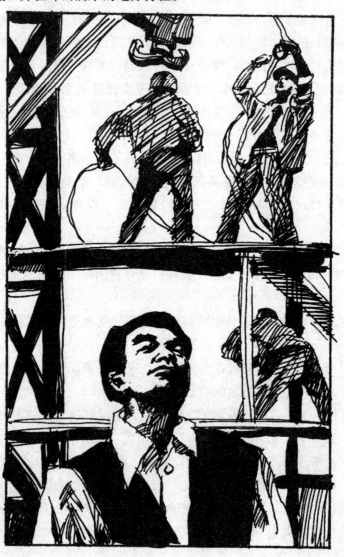

这一办法果然有效,一条打桩船一昼夜就能打下 30 根木桩。

一个难关闯过去了,另一个更大的难关又摆在面前。沉箱的浮运和就位,既是桥墩的关键工程,也是一件难度最大的事。

沉箱是桥墩的基础。这个用钢筋混凝土做成的家伙,长 18 米,宽 11 米,高 6 米,重达 600 吨。它要用轮船拖至木桩处,然后用 6 个铁锚稳住,再慢慢调整位置,使它准确地落到木桩上。第一个沉箱刚被锚固,没想到正遇海水落潮,海水和江水同时流向下游,竟把 6 个铁锚全部拔起,将沉箱向下游冲走。工人们好不容易把沉箱拖了回来,恰又遇上海水涨潮,锚索被冲断了,沉箱又被冲向上游。潮水退后,庞大的沉箱陷进了泥沙,只好等到下次涨潮时再拖回桥址。这时来了一场暴风雨,沉箱竟像野马一般,冲到了下游 4 千米以外的南星桥。后来,用了 14 只汽轮,才把它拖回桥址。不料大潮又起,沉箱被冲到了上游 10 千米处的文家堰,并再次陷入泥沙。如此反反复复,在 4 个月里,沉箱竟狂乱漂流 4 次之多。

茅以升和罗英发愁了,技术人员发愁了,工人们也发愁了。他们聚集一起,共同研究对策。有一位工人提出,把固定沉箱的 6 个 3 吨重的铁锚改为 6 个 10 吨重的混凝土锚。

这条建议被茅以升所采纳,并在海水涨潮时把沉箱拖到桥址,在落潮时赶快就位,结果顺利地闯过了这一难关。

过了这两道难关,建桥工作算是比较顺利了。可就在这时,日本侵略者发动了"七七事变",占领了北平和华北的大片土地,接着又开始了向华东的进攻。8 月 14 日以后,敌机不断袭击杭州,正在建设中的钱塘江大桥成了他们的轰炸目标。

茅以升冒着空袭的危险,率领全体工程技术人员和工人日夜奋战,大大加快了工程进度。1937 年 9 月 19 日和 20 日两天,大桥的最后两孔钢梁装到了桥座上,大桥合龙了。

1937 年 9 月 26 日,大桥正式通车。我国桥梁建设史上,永远记下了这个值得纪念的日子。

为抗敌寇炸大桥

大桥刚刚建成，抗日的烽火已经越烧越猛。为了防止敌机的轰炸，茅以升决定暂不开放公路桥面，并在桥面上作了一些伪装。

在建桥的过程中，茅以升便担心此桥有朝一日可能落到日寇之手，因而在靠南岸的第二号桥墩内预留了一个可以放置炸药的方形洞口，以便在敌人将要占用大桥时将桥梁炸断。可是，他万万没有想到，这一天竟然来得如此之快。在大桥建成后不到两个月，也就是 11 月 16 日，茅以升就接到了炸桥的命令。

他不能立即执行这一命令，因为前线有大量的车辆、物资和人员需要通过此桥向后方转移。于是，他一方面在桥墩内埋放好炸药，一方面立即开放公路桥面。

果然，大量的车辆和难民蜂拥而至，仅 17 日这一天，过桥南渡的人数就达 10 万以上。与此同时，铁路桥也十分繁忙，有一天，过桥的火车竟多达 300 多次。就这样，茅以升一直将炸桥的命令搁置了 37 天。直到 12 月 23 日下午 5 点，日寇的骑兵已出现在大桥的北岸时，茅以升才不得不痛下命令，点燃了炸药的引线。

一声巨响，火光冲天，一条钢铁巨龙被拦腰截断。

远望着这座断残的大桥，茅以升的眼中流下了两行热泪。

记得在建桥之时，罗英曾突发奇想，写出了一幅对联的上联，以征求下联。这上联是：钱塘江桥，五行缺火。意思是说，钱、塘、江、桥四个字，偏旁分别为金、土、水、木，唯独在五行之中缺了一个"火"字。没想到，今天竟补上了一把"火"。这是抗日的战火，这是中国人民的怒火！

这一夜，茅以升彻夜未眠。他挥毫写下了八个大字："抗战必胜，此桥必复"。

大桥被炸以后，桥工处的全体人员立即南迁到了兰溪。他们在这里整理建桥资料，绘制当初没有来得及绘制的大桥竣工图。

经过半个月的紧张工作，全部资料整理完毕，足足装满了 14 箱。

1938 年春天，茅以升来到了湖南湘潭，担任已经南迁到这里的唐山工程学院院长。以后他又随学校转移到贵州平越。1943 年，他接受了中国桥梁公司总经理的职务而迁往重庆，最后在这里迎来了抗战的胜利。在那战火纷飞的日子里，茅以升无论走到哪里，那 14 箱建桥资料始终带在身边。及至抗战胜利，他家的衣物财产丢毁殆尽，而那 14 箱料资却完好无损。

实现了复桥夙愿

随着抗战的胜利，恢复钱塘江大桥的愿望在猛烈地冲击着茅以升的心扉。1946 年春，他带领桥工处的技术人员和精心保护下来的 14 箱资料，重返杭州，对大桥进行了全面考察。

此桥被炸以后，日寇为了运送兵员和物资的需要，于 1940 年以后，断断续续地作了一些修补，凑合着可以免强让汽车和火车通过。整座桥梁，仍是一派破败景象。

茅以升在考察过大桥以后，又亲赴上海，找到了他的学生、中国桥梁公司上海分公司经理兼总工程师汪菊潜，约他到杭州商讨修复钱塘江大桥的事宜。

汪菊潜经过调查研究，很快拿出了复桥计划。按照这个计划，复桥工作将分两步走。第一步只作临时修复，维持铁路、公路的通车。第二步则作彻底修复，对一切受损的桥墩、钢梁和路面进行全面复原。

茅以升同意这一计划，并就复桥的技术性问题与汪菊潜进行了详细研究。于是，复桥工作便于 1946 年 9 月正式开始。

1947 年 3 月，公路桥面被接通。接着便开始着手桥墩的修复工作。

当时解放战争正在激烈进行，修桥经费十分困难，以至严重影响了复桥进度。及至 1949 年 5 月，国民党军队在败退时，又一次炸毁了大桥。经桥工们紧急抢修，才使铁路和公路桥很快恢复通车。

此后，恢桥工程由上海铁路局接手办理。1952 年 4 月，完成了对第五号桥墩的修理，1953 年 9 月，又完成了对第六号桥墩的修复。至此，整座大桥的修复工程宣告结束。一座雄伟壮丽的现代化桥梁，最终回到了人民的手中。

再立新功

就在茅以升紧张地为修复钱塘江大桥而工作的时候，祖国正在发生一场天翻地覆的变化。人民解放战争的节节胜利，宣布了国民党蒋家王朝的灭亡。

1949 年 9 月，茅以升作为科技界代表，赴京参加即将召开的全国第一届政治协商会议。10 月 1 日，当天安门广场的 28 响礼炮宣告中华人民共和国成立时，茅以升又作为科技界代表与中央领导人一起登上了天安门城楼。从此，茅充升的事业和生活均揭开了新的一页。

1951 年秋，在政务院的一次会议上，周恩来总理同他谈起了准备筹建武汉长江大桥的计划，并希望他能在这一工程中多多出力。

这一消息使茅以升激动不已。兴建武汉长江大桥，这曾是茅以升多年的愿望。早在 1935 年，钱塘江大桥开工不久，他就几次与湖北省政府商讨建桥事宜，并派出勘探人员，对武昌和汉阳之间的江段进行了勘察、钻探，摸清了江底地质情况，为大桥的设计准备了充足的资料。可是，由于经费筹措困难和战争的影响，他的这一愿望一直未能得以实现。

共和国成立之后，当人民政府再一次把兴建武汉长江大桥提上议事日程的时候，茅以升怎能不万分激动呢！从此，他把自己的全部精力都投入到建桥工作中了，对桥址选择，桥型、孔跨设计，以及施工方法等进行了反复研究和比较，并于 1953 年 5 月完成了初步设计。

1955 年，茅以升被任命为武汉长江大桥技术顾问委员会主任委员。也就是在这一年，政府批准了大桥设计施工方案。桥址选择在武昌蛇山和汉阳龟山之间；桥型为铁路、公路联合桥，下层为双轨铁路，上层为 6 车道公路和人行道；全桥长 1670 米，其中正桥长 1156 米；大桥共 9 孔 8 个桥墩，每孔跨度为 128 米。

茅以升组织顾问委员会对大桥设计方案进行了认真审核，并与主持桥梁设计的苏联专家反复商讨，使方案建立在科学、可行的基础之上。此外，对于大桥建设中的技术难题，他也组织大家一起攻关。特别是对桥基的施工技术，茅以升所动的脑筋最多，他在对长江和钱塘江的水文、地质情况作了仔细比较以后，认为建钱塘江桥基所采用的"气压沉箱法"已不适用长江大桥的桥基建设。他提出采用"大型管柱钻孔法"，即把 30 多根直径为 1.5 米的钢筋混凝土管子，下头嵌入江底石层，然后从管内往石层上钻眼，装上钢筋，再往管内浇灌混凝土，使管子与石层联为一体，最后把这些管子联成一个大圆柱，以作为桥墩的基础。从 1955 年年初开始，茅以升便用半年时间对这一施工方法进行了试验。在大桥于这年 9 月正式开工时，"大型管柱钻孔法"已是一种很成熟的技术方法，被铁道部和国务院批准采用。

同年，茅以升率科学代表团访问日本。回国途经杭州时，毛泽东主席在这里接见了代表团一行。毛主席对茅以升说："你建的钱塘江大桥我已经走过八遍了，你为人民做了一件大好事。现在，我们又在建造武汉长江大桥，希望你再立新功。"

茅以升没有辜负毛主席的嘱托，的确又在武汉长江大桥的建设中立下了汗马功劳。他所领导的顾问委员会，为大桥的建设解决了 14 个技术难题。尤其是大桥基础工程所采用的"大型管柱钻孔法"，在世界桥梁建设史上当属首创。这一切，对于保证大桥的建设工期和建设质量，都起到了不可估量的作用。

武汉长江大桥于 1957 年 10 月 15 日正式通车之后，茅以升又于 1958

年参与了北京人民大会堂的建设工作。他被周恩来总理指定为结构组组长，率18名建筑结构专家，对人民大会堂的结构设计进行了认真审查，修正了设计中的若干不合理之处。

在人民大会堂的建设中，茅以升又一次立下了新功。

另一座桥梁

茅以升作为一位著名的桥梁专家，一生从事桥梁建设、科研和教学工作，写下了大量的科学专著和论文。

然而，茅以升还是一位杰出的科普作家。在他一生写下的约400万字的著作中，有很大一部分就是属于科普作品。

中华人民共和国建国以后，茅以升即担任中国科学技术协会副主席，以后又改任名誉主席。他一直认为，科普是祖国通向现代化的桥梁，也是将少年儿童引上科技道路的桥梁。为了架设这座桥梁，茅以升同样倾注了极大的热情，付出了毕生的精力。

解放前，茅以升便在上海的《科学画报》上连载过《钱塘江桥工程》的科普文章。解放后，他更以《中国石拱桥》、《洛阳桥与江东桥》、《桥话》、《五桥颂》、《二十四桥》、《名桥谈往》、《人间彩虹》、《没有不能造的桥》、《明天的桥梁》等一大批科普作品向人们传播了桥梁知识，培养了青少年热爱祖国、热爱科学事业的高尚情操。不少读过他的作品的青少年最终爱上了桥梁事业，成为桥梁界的后起之秀。尤其是他于1962年在《人民日报》上发表的《中国石拱桥》一文，更是影响了几代人。这篇文章被收进了初中语文课本，成为学生们最爱阅读的课文之一，也引导了一批又一批的学生树立起献身桥梁事业的雄心壮志。

1978年，茅以升把他自己如何走上科技道路以及如何以背诵圆周率小数点后100位数字来锻炼记忆力等切身体会写成《从小得到启发》一文，发表在《儿童时代》杂志上。北京育民小学三年级学生樊晓晖读过这篇文章后，也以背诵圆周率的数字来增强记忆力。1981 年 7 月 7 日，樊晓晖和其他同学一起到茅以升爷爷家过科学队日，并要求与茅爷爷当场比武，看谁先写完和写对圆周率小数点后 100 位数字。比赛结果，樊晓晖快了两秒钟，但茅爷爷却写出了小数点后 101 位数，比他多写了一位。当樊晓晖不知茅爷爷为何要多写这位数时，茅以升意味深长地解放说："圆周率小数点后的数字是无穷无尽的，科学发展的道路也是无穷无尽的，我们千万不能满足现状，要不停地努力向前啊！"

作科普报告，是茅以升向青少年传播科技知识的又一途径。仅从 1978 年至 1981 年的四年中，茅以升先后在北京人民大会堂、北京音乐厅以及少年宫、剧场等地为孩子们作了 30 多次科普报告，听众达 6 万余人次。有一次，北京九十六中的老师请茅以升为全校学生作科普报告，茅以升欣然应诺。可就在这时，茅以升突然因病住进了医院，学校只好取消原来的安排。过了几天，茅以升竟又主动给学校打电话，要求实现自己的诺言。学校领导怕这位年逾八旬的老人的身体支持不住，要他只讲几分钟就行了，可是他却给同学们讲了一个半小时。

茅以升以对少年儿童的关怀和爱护，赢得了广大少年儿童的热爱和尊敬。少年儿童亲切地称他为"我们的茅爷爷"，不少学生还以"向茅爷爷学习"为主题开展队日活动或举办报告会。茅以升成了一代代青少年的老师、朋友和楷模。

跑道的终点

在进入 90 高龄以后，一向精力充沛的茅以升开始感到自己已经衰老。这时候，加入中国共产党的愿望也就变得越来越强烈。

1986 年 11 月 22 日，他写了一份入党申请书，亲自送到许德珩同志家中，请许老做他的入党介绍人。第二天，许德珩同志即致信中共中央统战部，转交了茅以升的申请书。

　　1987 年 10 月 12 日，茅老终于实现了积蓄在心中近 40 年的愿望，加入了党组织。

　　正当他为党的事业准备作最后拼搏的时候，一次意外的打击竟落到了他的头上。10 月 14 日，也就是他入党后的第三天，他便因感冒发烧而住进了医院。谁也没有想到，这次住院以后，就再也没有能从医院里走出来。

　　11 月 1 日，是党的十三次代表大会闭幕的日子，感冒并未痊愈的茅以升执意要出席闭幕式。可在出发之前，他竟摔了一跤，造成左腿股颈骨骨折。当晚，他便体温升高，进入昏迷状态。经医生紧急抢救，病情逐渐好转，化验各项指标趋于正常。

1988 年，在全国人大和全国政协进行换届选举的前夕，茅以升深感自己的健康状况已不能继续胜任全国人大常委会委员和全国政协副主席的职务，因此，他致信党中央，请求避位让贤。

1989 年 9 月 11 日，茅以升又开始发烧，服药后虽暂时好转，可从此病情极不稳定，咳嗽、痰涌、气喘、发烧等症状时轻时重，使他备受折磨。

10 月 24 日，他的病情开始加重，高烧不退，咳嗽更凶，胃部出血，腿也开始浮肿。

11 月 10 日，病情进一步恶化，血压下降，心律紊乱，胃大量出血。

11 月 12 日下午 3 点，茅以升那颗操劳过度的心脏终于在最后一搏之后，永远停止了跳动。

11 月 27 日，茅以升的遗体告别仪式在北京八宝山革命公墓隆重举行。此后，人们便把一张钱塘江大桥的照片永久地镶嵌在他的骨灰盒上。

临床医学家张孝骞

"自从 19 世纪 60 年代第一所西医医院在中国古老的大地上创建以来，中国西医学的发展经历了漫长而曲折的道路。在半殖民地半封建的旧中国，西医院里的中国医生屈指可数。本世纪初，我国一批优秀的医学家，以他们的聪明才智和辛勤劳动，进行了开拓性的工作。他们编写中文教材，创办中文学术刊物，培养了大批中国医学士，从而为我国现代医学的发展奠定了基础。在那众多的开拓者之中，张孝骞便是佼佼者之一。"

这是卫生部部长陈敏章在 1988 年为纪念张孝骞教授逝世一周年而写下的一段文字。他同时指出，张孝骞教授为我国现代医学的发展做出了巨大的贡献，在我国现代医学发展史上留下了光辉的一页。他不仅给我们留下了他的卓越的医学成就，而且给我们留下了一笔极为珍贵的精神财富。

陈敏章作为我国医疗卫生事业的领导人和一名资深的医学专家，对张孝骞教授的评价无疑是审慎而精当的。张孝骞一生从医、从教 66 年，他个人的经历与我国现代医学的起步和发展是同步的。他的足迹，不仅反映了我国医学事业的艰难历程，而且展现了一位中国医生刻苦的求索精神和崇高的思想境界。

做不起校服的孩子

那是上个世纪末期，湖南长沙乡下有一位名叫张泽邕的自耕农，突然产生了弃农经商的念头。他将家搬进了长沙城里，开始经营粮食生意。实际上，他不过是办起了一个小得可怜的家庭作坊，凭着一台石碓，舂米出售，用繁重的劳动换起微薄的收入。然而，这个扛惯了锄头的老实农民毕竟不长于商业之道，没过多久，生意便赔了本，作坊只得关门。

这就是张孝骞家庭的早期经历。张泽邕是他的祖父。那个舂米作坊的历史，他只是后来听说的。而家境的贫困，却是他目睹过的事实。

当张孝骞于1897年12月28日出生时，父亲张濬远正在做家庭教师。他的收入，仅能勉强维持全家的生活。后来，父亲中了秀才，住进了书院，但家庭经济状况并未得到改善。不久，科举制度废除了，父亲为了寻求新的出路，便进了明德专科学校去学习理化，毕业后当了一名中学教员。低微的薪金，仍然仅够糊口。在张孝骞最初的记忆中，只是一副副愁苦的面容，一个个衣衫褴褛的身影。

有一件事情，是张孝骞永远也不会忘记的。

那时，他进了长郡中学。这是长沙有名的一所公立中学，学生们大都住校。张孝骞由于付不起膳宿费，只得走读，湖南人称之为读"通学"。他早去晚归，中午便到附近的小店去吃一碗面条或一块烧饼。

有一天放学的时候，校长在校门口拦住了他："学校准备每人做一套校服。你回去告诉家长，明天把钱交到学校来。"

张孝骞一惊，喃喃地说："家里没有钱，我不想做了。"

"不做了？"校长打量了他一眼，"其他同学都穿校服了，你还穿这件长袍？"

张孝骞低下了头，脸一直红到了脖子根。其实，他何尝不想做一身校服呢！可是他知道，家里一定拿不出这笔钱来。自己的弟弟妹妹又多，家里有十来口人要吃饭，二妹孝元长期生病，连买药都常常急得爸爸妈妈直搔头，哪里还有闲钱去做校服！身上的这件长袍，还是用爸爸的一件旧衣服改制的呢！

校长见他那副为难的样子，心里有了几分同情。于是，他改换了一种平缓的语气说："好了，好了。的确做不了，也就不勉强了。只是，你回家以后，还是对爸爸妈妈说一声，看看能不能想点办法。"

张孝骞点头答应了，急急忙忙向家里奔去。

一进家门，见妈妈正在纳鞋底。他放下书包，走到妈妈跟前："妈，刚才校长说……"

话刚出口，妹妹就在床上没完没了地咳嗽起来。过了好大一阵子，她才吐出一口浓痰，接着便哇哇地哭了。

"孝元，不要着急，病会好的，会好的。"妈妈一边抚摩着妹妹烧得绯红的脸颊，一边安慰道。

祖父从里屋走了出来，瓮声瓮气地说："孝元这孩子的病，不能再这样拖下去了，得想办法去治才行呀。这几天，她咳嗽特别厉害，痰里面还有血丝呢。"

"有什么办法呢，能卖的东西都卖掉了。"母亲开始用衣袖抹起眼泪来，不断地拍着妹妹身上的被子，"好孩子，睡觉吧，睡吧，总会好的，总会好的……"

祖父连声叹气，急得直跺脚。

妹妹昏昏入睡了。两颗晶莹的泪珠，在她那瘦削的脸上闪闪发光。

"孩子，校长给你说什么啦?"母亲仍旧纳着鞋底，想起了孝骞还未说完的那句话。

"没有，没有说什么呀。"张孝骞慌了神，一时不知道说什么好。

"你刚才不是说校长有话吗。"母亲还在追问。

张孝骞把牙关咬得紧紧的，竭力使自己镇定下来。他终于灵机一动，用一句假话应付了这难堪的局面："校长说，明天要早一点到学校去。"

屋内静寂了，只有母亲纳鞋底的丝丝声和妹妹粗重的呼吸声，显得冷清而凄凉。

严厉的祖父

张孝骞家里虽然很穷，可对孩子的教育一点儿也不马虎。祖父从自己贫困潦倒的一生中，总结了一条处世哲理：必须以学问为立身之根本。还在张孝骞咿呀学语的时候，祖父就常常把他关在屋子里，教他认字，给他讲读书明理的好处。他给孩子立下了很多规矩：不准同外边的小孩玩，不准说假话，对人要有礼貌，吃饭菜不能挑拣，等等。

张孝骞刚到 6 岁，祖父就把他送进了一所私塾，整天读些四书、五经之类的东西。张孝骞虽然不懂课文的内容，但读得很认真，并且能按先生的要求背诵下来。

年纪渐大，祖父对他的要求越来越严。有时从学校回来稍晚了一点，祖父就会很不高兴："你到什么地方去了，怎么这时候才回来？可不能像个野孩子似的，到外边去胡乱跑呀！"有时在饭桌上，孩子的筷子向好一点的菜碗里多伸了几次，祖父就会板起面孔教训说："小孩应该好菜差菜都能吃，光爱吃好的怎么行！"有时大人说话，孩子在旁边插了一句嘴，

祖父顿时就沉下脸来，喝斥道："大人说话，你赶什么热闹！多嘴多舌的，成什么体统！"

张孝骞在上小学的时候，家里来了一位长沙乡下的客人。孩子见了这位陌生人，不免感到羞涩，没有向客人打招呼，就自个儿悄悄地躲开了。客人一走，祖父就狠狠地训了张孝骞一顿："这像什么话！家里来了客人，你竟不打招呼，人家会怎么看待你，会怎么看待我们这个家庭！小孩子应懂得以礼待人，否则就是缺少家教！"

还有一年的深秋，几个中学同学来邀张孝骞一起去岳麓山观赏红叶。张孝骞虽然生长在长沙，却从来没有去过岳麓山。有时他听人说起岳麓山的风光景物，心里甚为向往。如今有同学来找他，不免动了一点游兴。他向祖父央求说："爷爷，我想到岳麓山去玩一次，只玩这一次，您看行吗？"

祖父看了一眼他那恳切的神态，又看了看站在他身后的几个兴致勃勃的同学，不忍心让他们失望，终于点头同意了。"早些回来啊，"祖父不放心地叮嘱道，"晚上还要做功课。"

张孝骞喜出望外，一边答应着，一边像小鸟似的飞出了家门。

这一天大家玩得特别高兴。待太阳西沉的时候，他们才猛然意识到是该回家的时候。从山上到湘江渡口还有很长一段路程。下得山来，湘江边已挤满了晚归待渡的人群。他们等待了很长时间才得以上船。此时，江面上已一片漆黑，只有小船上的点点灯火在江中静静地漂游。

过了江，张孝骞就急急忙忙向家中奔去，可是，预料中的事情果然发生了。

当他走进家门时，祖父正脸色阴沉地坐在一把椅子上生着闷气，明明见了孙子回来也不理睬。桌上的饭菜摆得好好的，全都不冒热气了，想必是等待了一段不短的时间。

母亲见孩子回来，急忙用毛巾为他擦了擦脸上的汗水，关切地说："怎么这么晚才回来？肚子一定饿了，快吃饭吧！"

张孝骞还未来得及回答，祖父已猛然从座位上站了起来："吃什么饭！玩可以当饭吃！"

张孝骞毕恭毕敬地站在那儿，连句解释的话也不敢说，他知道自己错了，也不打算为自己辩护，只是等着祖父进一步的责罚。母亲一边把他往饭桌旁边推，一边对他说："也难怪爷爷生气，这么晚了，家里人可担心哩！"

"孩子说话要诚实！"祖父虽然坐回了原处，可脸上的怒气仍旧未消，"你答应早些回来，为什么说话不算数？"

其实，这次回家晚了，只是因为一伙同学到了一起，已是身不由己，并非他故意要欺骗家长所致。然而，张孝骞还是不打算辩解。他知道祖父是对的，遵从祖父的教导才是自己应做的事情。

心灵的天平

1911 年，辛亥革命从武昌爆发，很快波及长沙。长沙成立了学生军。在这股革命浪潮的推动下，正在长沙长郡中学上学的张孝骞产生了用枪杆子来改造社会的冲动。他瞒着家长，报名去参加学生军。可是，一检查身体，他的右眼所患的先天性视网膜炎便暴露出来了。他没有被录取。

用枪杆子改造社会的幻想破灭以后，张孝骞又产生了用笔杆子改造社会的愿望。他目睹了社会的黑暗、政治的腐败和人民的贫困，认为这一切都是因为国家工业技术落后所带来的后果，决心走工业救国的道路。

1914 年冬季，张孝骞从长郡中学毕业了。在这个生活的十字路口，一家人竟产生了三种不同的想法。

张孝骞希望能继续升学，但他不愿意学其他专业，一心要报考工业院校，因为只有发展工业才能使国家摆脱贫穷和落后。

父亲因倦于教学生涯，早就有退职回家的打算，无奈生活的担子太重，一时不能脱身。他好不容易盼到张孝骞从中学毕业，认为时机已到，便动员孩子到商店去当学徒，挣钱养家。

祖父反对父亲的意见。他说:"孩子以第一名的成绩从中学毕业,证明他可以造就,怎么能让他半途而废呢!"

祖父也不同意孙子的意见。他劝告张孝骞:"湖南高等工业学校要等到明年秋季才招生;到外地去上学,不用说家里供养不起,就连考试的盘缠钱也拿不出来。依我看,不一定坚持非学工业不可,行行出状元,哪里的土地不发芽呢!"

恰好在这时,湖南省育群学会与美国雅礼学会合办了一所湘雅医学院,开始冬季招生。担任了湘雅医学院董事的长郡中学校长,想起了这个做不起校服、但却以第一名成绩毕业的学生,便前来动员张孝骞报考。

张孝骞因害怕失学,也就答应了。不过,这只是权宜之计,等到半年以后,他准备再去投考湖南高等工业学校。

就这样,张孝骞以第一名的成绩考入了湘雅医学院,成了这所学校的第一批学生。入学以后,他虽然"身在曹营心在汉",但功课还是学得很好,成绩始终处于前列。

半年的时光转瞬即逝。当张孝骞要去报孝工业学校的时候,祖父又一次出来劝阻他:"湘雅有很优秀的教师,又有很齐全的教学设备,你为什么不打算学下去,而非要弃医学工不可呢?"

"我们的国家太穷了,不发展工业就无以立国!"张孝骞不假思索地回答。

祖父还是不同意张孝骞的意见。他说:"中国又何止是贫穷呢,疾病也是一种灾祸啊!所谓贫病交加,才真正是当前中国老百姓的现状和绝境!治穷治病,都同样可以为百姓造福,二者决无厚薄之分。"

祖父说出这一番话来,实在出乎张孝骞的意外。他反复咀嚼着祖父这番话的味道,不得不重新审视自己的目标。

这天夜里,张孝骞彻夜未眠。他反复把"贫"、"病"两个字投向心灵天平的两端,比较它们的分量。贫,固然是普遍现象,衣不蔽体、食不果腹的人到处皆有;而病,不也同样是一个无处不在的魔鬼吗。在中国穷苦百姓的家庭,哪里听不到病人的呻吟,哪里看不到病魔的身影!

贫，助长了病魔的猖獗；而病，又把人们投向更贫的深渊。原来，贫和病不过是同一个恶魔的两只魔爪，不可能有孰重孰轻的区别。

张孝骞由社会又想到自己的家庭。他的二妹孝元已于两年前死于肺结核，而三妹孝昭也正在受到结核病的折磨。他的家庭就是一个中国社会的缩影：孝元因家中无钱治病而去世，孝昭又正在重蹈覆辙，在贫病交加中消耗自己的生命。他脑子里映出了一大群病魔缠身的人的影子：有熟悉的，有陌生的；有老人，有小孩；有男的，也有女的。他们脸色凄惨，苦不堪言，失神的双眼中闪现着期待援救的光。这些人全都压到了天平的一端……

心灵的天平倾斜了。献身医学事业的热情在张孝骞的心中燃起了烈焰。

从湘雅到协和

张孝骞终于在人生道路上跨出了最关键的一步：回到了湘雅医学院的课堂上。

当那颗悬着的心找到了归宿的时候，张孝骞才真正感到了湘雅医学院的魅力。这里有安静的学习环境，有齐全的教学设备，有优秀的任课教师，有规模较大的附属医院，还有足够作为学费和膳食费的奖学金。在此之前，北洋军阀教育部也开办过医科学校，但学制均不超过四年。19世纪末至20世纪初，美国的约翰·霍布金斯大学掀起了一股医学教育改革的浪潮。湘雅医学院的开办，在很大程度上受到了这股改革浪潮的影响。当时，有一个叫胡美的美国人，是一个极有声望的改革者。他早年毕业于约翰·霍布金斯大学医学院，是英国著名内科学家奥斯勒的学生。后来，他到中国传教，依靠国际捐款，在长沙开办了一所拥有150个床位的医院。以后，这所医院就成了湘雅医学院的教学医院。胡美本人亦到学校任教，并以奥斯勒的著名著作《奥氏内科学》为教材。他还将学制定为七年，使湘雅成为当时国内教学标准最高的医学院之一。

胡美在授课中，常向学生讲述奥斯勒的故事，使大家听得津津有味。张孝骞后来选定内科专业，便是受了他的影响。

还有一位名叫徐善祥的中国教师，也是张孝骞所崇敬的人物。辛亥革命以后，他用中文写了一本《化学》教科书，又用英文写了一本《分析化学》。他在湘雅任教时，就以这两本书为教材。徐老师既教书，又教人，对学生要求甚严。他不断以自己的进步政治主张去引导学生，支持学生反对湖南军阀张敬尧的斗争。

在这样的环境中，张孝骞的思想和学业都进步很快。他积极参加了宣传"五四"运动的讲演和集会，也曾是《湘江评论》、《新湖南》等进步刊物的热心读者和撰稿人。他那聪颖的天资、勤奋的习惯、刻苦的精神，与学校良好的教育条件结合在一起，使他顺利地迈过了医学教育的第一道门槛。当他1921年从湘雅医学院毕业时，考试成绩和临床研究两个第一名的金牌，竟然佩戴在他一个人身上。

毕业以后何去何从，是张孝骞在医学道路上必须迈过的第二道门槛。

现代医学像一棵独立支撑的大树，在那粗壮的树干上已经长出若干分枝。按研究内容、对象和方法来区分，整个医学可分为临床医学、基础医学和预防医学三大部分。临床医学是医学的作战部队，它的任务是根据病人的临床表现，从整体出发，综合研究疾病的原因、发病原理和病理过程，进而作出诊断，通过治疗以消除疾病。基础医学则以同医疗和卫生各专业学科有关的基础理论为研究对象，揭示人体生理、病理的本质及其联系。它以科学实验为基础，又以它的成果来为临床医学和预防医学服务。预防医学与上述两方面均有不同。它从预防疾病的观点出发，专门研究预防和消灭病害、讲究卫生、增强体质、改善和创造有利于健康的生产环境和生活条件。还有一种实验医学。它介于临床医学和基础医学之间，即既做基础研究，又直接应用于临床。

张孝骞毕业后，被留在湘雅医学院当住院医师，成了医学作战部队中的一员。第二年，他又被提升为助教和内科总住院医师，踏上了临床医学的第二层台阶。

1923年9月，由美国人在北平主办的协和医院开办了一个短期内科进修班。张孝骞暂时离别了妻子周淑莲和年刚4岁的女儿友端，只身北上，参加了进修班的学习。没想到，他的勤奋和刻苦竟被协和医院的内科主任教授罗伯逊所看中。罗伯逊决定留张孝骞在协和工作，但却有一个苛刻的条件：要从住院医生做起，待遇也要相应地降低。

这使张孝骞陷入了矛盾的境地。从家庭负担来看，他的确不想放弃本该属于他的那份收入。但协和的工作条件比湘雅要强得多，在那里，既可从事基础研究，又有大量的临床实践机会。经过深思熟虑，他还是决定留在协和。

就这样，张孝骞终于推开了实验医学的大门。

向金字塔的顶尖奋进

事实上，张孝骞仅在协和做了半年住院医师，便又被重新提升为助教和总住院医师。

1926年，美国罗氏基金会出资，从中国选送一批医生去美国学习。张孝骞被选中了。

他来到了约翰·霍布金斯大学医学院，打算从事肾上腺的研究。

他的指导教师哈罗普却建议说："你还是做血容量的工作吧，因为你的研究期限只有一年，而肾上腺是一项长期工作，你的时间显然不够用。"

张孝骞接受了老师的建议，很快制订了一份血容量的研究计划。哈罗普看过计划，高兴地说："这个计划很好。的确，在血容量问题上，我们还有许多值得探讨的东西。比如糖尿病人，易得酮症，产生酸中毒。其临床表现为脱水，甚至出现休克。然而，这类病人的血容量有无改变呢？至今谁也说不清楚。因此，对糖尿病人的治疗，自然带有很大的盲目性。而为了测定血溶量的变化，首先必须建立起测定方法。用一氧化碳来测定血容量，目前仅仅适用于动物试验。如果能在临床上把这个方法建立起来，那无疑是对医学的一个贡献。关键问题是要用较小量的一氧化碳，使受试者不受损害。你计划的微量血—氧化碳测定法，应能解决这个问题。"

从此，张孝骞埋头于实验室，紧张地从事着研究工作。一年的时间转瞬即逝，当美国临床研究学会召开 1927 年的年会时，张孝骞的《测定循环血容量的一氧化碳法》和《糖尿病酸中毒时的血容量》两篇论文在会上引起了热烈的反响。这两篇论文首次确定了在临床测定血容量的一氧化碳法，并且得出了糖尿病酸中毒病人血容量下降的结论。这就为相应疾病的临床治疗找到了可靠的依据。

当这两篇论文在美国的《临床研究》杂志上发表出来的时候，张孝骞已经回到了协和医院的病房和实验室中。

他的成果受到了人们的重视，被收入到医学教科书中，他本人亦被晋升为协和医学院的讲师。

在协和，张孝骞继续从事血容量研究。他的第一项实验，是测定甲状腺机能亢进和甲状腺机能低下病人的血容量变化。他首次证明了甲亢

病人血容量的增加和甲低病人血容量的降低。这项成果在美国《临床研究》杂志上发表后，同样为医学界所公认。

他的第二项实验，是研究水肿病人的血容量。对于这类病人的血容量，当时医学界存在争论。有人推断说，水肿病人表现为全身水份过多，血液被过多的水份稀释了，血容量可能增加。有人不同意这个推断，却也拿不出证据。张孝骞的实验结束了这场争论。他证明，一般水肿病人的血容量大为降低。这一结论，为临床治疗指出了一个新途径：对于这类血容量下降的水肿病人，必须采取增加血浆蛋白的办法来医治。

上述工作完成后，时间已到了30年代初期。这时，协科医院内科决定成立消化专业组，张孝骞担当了组建任务，开始涉足一个新领域。他一方面建立消化专业门诊部，一方面开展胃分泌功能的研究。首先，他在我国第一次采用组织胺方法进行胃液化验，这一方法比过去沿用的试餐法前进了一大步。此后，他又系统地对大系列热病患者的胃分泌功能进行了探索，揭示了发热时胃症状的部分机理，并对结肠病、阿米巴痢疾、消化性溃疡等多种消化系统疾病进行了研究，获得了大量成果。

1932年，张孝骞被晋升为副教授。第二年，他再次来到美国，在斯坦福大学医学院布龙菲尔德教授的实验室进行为期半年的胃分泌功能研究。

随着研究成果的不断涌现，张孝骞已经清晰地看到了实验医学金字塔的顶尖。他决心向这个顶尖攀登，决心在风华正茂的年华为人民的健康事业顽强奋斗。

不愿在沦陷区工作

1936年，协和医院根据张孝骞的出色工作，又给他下了四年聘书，希望他把消化系统的研究工作继续下去。

可是，时间仅过了一年，正当他在全身心地履行协和的聘约时，日本侵华的"七·七"卢沟桥事变的枪声打响了,战争的硝烟烽火吞没了他正在全力攀登的那座医学的金字塔。

他痛切地感到,面对中华民族的生死存亡,一个医生的力量实在太微薄了。如果日本侵略者把自己拉去治疗伤兵,那情形就会更糟!

想到这些,张孝骞真是不寒而栗。他立即找到了协和医院内科主任狄瑞德,恳切地对他说:"我要离开协和,离开北平!我不能再在这里呆下去了。"

"为什么?"狄瑞德有些愕然。

"我不愿望在沦陷区工作。"张孝骞回答。

这的确是一个悲壮的想法。狄瑞德感到为难了:"可你四年的聘约才过了一年啊!你在消化系统方面的研究工作也还有待于进一步深入,怎么能前功尽弃呢?"

"不,"张孝骞说,"国难当头,其他的一切都谈不上了。"

"你大概过于悲观了吧。"狄瑞德接着说,"协和是我们美国人办的医院,日本人岂敢碰它?"

"这一点,我不是没有想过。但对于武装到了牙齿的侵略者来说,我相信什么坏事都可能干出来的。"

"那么,你想到哪里去呢?什么地方是避风港?"

"我想去南方,回到湘雅医学院。在那里,我相信能更好地尽一个医生的职责。"

狄瑞德沉默了。他找不到更好的话去安慰这颗受了伤的心。

就这样,在"七·七"事变后一个星期,也就是7月14日,张孝骞抛弃了在北平的住所、家具和书籍,带着妻子和四个孩子,离别了他生活和工作了13年的协和,绕道大同、太原等地,回到了长沙,回到了母校。

矢志不渝的"寡母"

在张孝骞离开湘雅医学院后的十多年中，湘雅已经发生了很大的变化。按照建校时的协议，美国人已于十年期满之时交出了对学校的领导权，许多美国教授也都陆续离去了，学校师资正严重缺乏。对于张孝骞的回校，校方当然表示了极大的热情。他一到校，便担任了内科教授和教务主任的职务。

张孝骞本打算利用这里尚能维持的正常秩序，为国家培养一些医学人才，同时把业已开展的研究工作继续向前推进。他的这个计划还未来得及实施，战争的烽火已蔓延到了长江流域，长沙陷入了一片混乱。这年冬天，湘雅医学院院长王子玕去职，学校一时无人主事。办学经费的窘迫和人心的动荡，已使学校处于瓦解的边缘。人们把目光投向了张孝骞，希望他能出任院长，救学校于危难之中。

在这种情况下，张孝骞别无选择。他出任了院长，打算为保存湘雅而作一次全力的拼搏。

随着上海沦陷，侵略者节节逼进，武汉和长沙都已处于严重的威胁之中。频繁的空袭，使校内人心惶惶，要保存湘雅，只有一条出路：南迁。当张孝骞正在思考着迁校的计划时，美国人却出来反对。他们说，只要在房顶上画一面大大的美国国旗，日本人就不敢动它一根毫毛。张孝骞不相信这种神话，仍旧果断地作出了迁校的决定。

恰好在这时，张孝骞得知中央医院已由南京迁到了贵阳的消息。中央医院院长沈克非是张孝骞在协和工作时的老同事。经商量，中央医院愿意为湘雅医学院提供教学服务。于是，张孝骞决定把湘雅迁到贵阳去。

搬迁工作从 1938 年 6 月中旬开始，至 10 月 11 日，全部物资和人员抵达贵阳。他们临时借用了贵阳医学院和当地居民的一些房屋，于 10 月 24 日正式开学上课。

为了解决住房问题，他们又在贵阳市次南门外租取了一块长沙义园的坟地，自己动手搞土木建筑。仅用了 4 个月，就盖起了三幢两层楼的房子，学院恢复了正常秩序。

张孝骞在 1941 年所写的一份材料，这样描述了当时的情况："为了节约用房，尽量将房间分配多种用途。家具设计简单，包装箱用作书架和药品试剂台；凳子做成活动手提式；椅子成为罕见奢侈品。学生有时需站着吃饭和上课。一间 20 平方米的房间，要住 20～24 名学生。没有电源和自来水，但实验和教学仍照常进行。"

张孝骞自己上山砍竹割草，盖了一间茅草屋，既作宿舍，又作办公室。他每天除了忙于繁重的行政事务外，还给学生讲课，并在中央医院承担一些临床工作。学生们看他太劳累，特地做了把椅子送给他。他坚持不受，把椅子送到了实验室供教师休息用。1938 年 11 月，湘雅医学院在湘西山区的沅陵建立了湘雅医院分院，张孝骞不断奔走于贵阳、长沙和沅陵之间，更是辛苦劳碌，有几次汽车遇险，几乎送了性命。

迁校后的湘雅，最大的困难还是经费短缺。张孝骞带头将自己的薪金减少一半。在他的带动下，吴执中教授等人，也主动减少了自己的薪金。当时有人提出，可否考虑开办一个诊所，以取得收益弥补经费不足。

张孝骞不同意。他认为湘雅本来就人手不足，开办诊所势必影响教学。他笑着对大家说："这些年，湘雅成了无人照顾的孤儿了。为了这个孤儿，我决心做一个矢志不渝的'寡母'，决不改嫁！"同事们被他的精神所感动，与院长一起苦撑苦度，共同担当起"寡母"的角色。

1944 年底，日本侵略军已达广西和贵州边境。向西南撤退的国民党军队强占了湘雅医学院的房子，迫使学校不得不再次向重庆搬迁。张孝骞凭着熟人关系，在重庆借用了兵工署的一个仓库办学。直到抗战结束以后，湘雅才于 1946 年迁回长沙。

1946 年夏天，张孝骞应美国国务院邀请，赴美国参观和讲学。他在那里呆了一年，收集了学院在战争中失缺了的医学刊物，并为学校聘请了一位美国教授。这时候，他终于如释重负，感到自己已尽到了做"寡母"的责任，于是在 1948 年春季辞掉了院长职务，准备重返医疗工作第一线。

无形的巨著

1948 年初秋，张孝骞离开了湘雅，要到正在恢复之中的协和医院去追寻那失去了十多年的实验医学的美梦。

然而，他却没有能够回到那魂牵梦绕的实验室。战后的协和刚刚开始重建，还是一个乱摊子。容不得张孝骞作出选择，内科主任的担子就落到了他肩上，使他陷入了无法自拔的繁忙之中。

到 11 月下旬，北平已被解放军包围。傅作义的部队涌进城内，搅得人们惶惶不安。协和医院的住院医师和实习医师一下子走了一大半，协和医学院的不少教师也不辞而别了。

不久，北平和平解放。摆在张孝骞面前最紧迫的任务，就是赶快充实人员，以解决医疗和教学工作的燃眉之急。

他想起了自己的许多昔日的同学和同事，他们有的在外地，有的在美国。他一一给他们写信，热情地邀请他们来协和工作。在美国费城的文士域夫妇和在美国芝加哥的黄宛、张学德等人，都是应张孝骞的邀请而回来的。1951年初，当人民政府接管这个医疗和教学单位的时候，那里已呈现出一派蒸蒸日上的景象。

繁忙中的时光总是过得最快的。几十年后，当张孝骞再回首往事时，才猛然发现他早已偏离了实验医学的方向，而陷入了紧张的临床和教学工作之中。这一切变化又都是悄悄地发生的，乎被一种无形的力量所主宰。

当然，张孝骞用不着去追寻那被时光冲刷掉了的足迹，更用不着去惋惜那已经破灭了的梦幻。他那发展祖国医学事业的热望和严谨不怠的治学精神，会在任何土壤中开花结果。在繁重而又平凡的临床和教学工作中，他不知不觉地成了一名学识渊博、具有惊人判断能力的临床医学家。许多医学工作者把张教授几十年的临床实践称之为一部"无形的巨著"，这既形象又贴切。在60多年的医学生涯中，张教授究竟为多少人解除了疾病的痛苦？使多少人摆脱了死亡的威胁？这是一个无法统计的数字。谁也说不清那部"巨著"的篇幅，谁也无法阅读它的全部内容。如今，令人们惊叹、为人们乐道的，只是"巨著"中的少数篇页，千万个病案中的个别病例。

1977年10月，协和医院内分泌科病房住进了一位病人。他下肢沉重，活动困难达3年之久。医生们诊断的结果是，腰肌劳损、类风湿性关节炎和骨软化症。经X线拍片，发现病人的骨盆、双手、腰椎等部位呈普遍骨质脱钙以及病理性骨折状。他按常规服用维生素D和乳酸钙、磷酸盐以后，症状未见丝毫好转。这一奇怪现象，使大夫们感到困惑。

张孝骞被邀来为患者会诊。他和往常一样，仔细询问了病史，认真翻阅了一大摞病历，索看了近期的临床记录，然后决定为病人作一次体检。于是，一双布满老年斑的手一遍一遍地在病人身上摸索着。突然，这双手在病人右侧腹股沟处停了下来。张教授在这里触及了一个肿物。按照一般情况，这种病人身上的小肿块，是不易引起医生的关注和联想的。可是，张教授在仔细检查了肿物的形状、大小和硬度后，指着肿物向在场的大夫们说："这大概就是病根！这个肿块可能分泌某种激素类物质，导致钙磷代谢的异常。建议施行切除手术。"

外科医生接受了张教授的建议，为病人切除了肿块。术后，患者的骨症状很快好转，周身疼痛症状也逐渐改善。病理诊断证实，肿物为一间叶瘤。这是一个极为罕见的病例，在这以前的世界医学文献中，总共只有过七次报道。

1980年秋天，协和医院的病床上躺着一位老年妇女，腹部极度膨出，皮肤绷得亮光光的。她来门诊就医已经很久了，经过各种检查和试验性治疗，腹水的原因一直未查出，各主要脏器均受到影响，生命危在旦夕。张孝骞在为病人作过检查后，立即判明这个病人的腹水是由甲状腺机能低下所引起的。他告诉主管医生，关于这种少见疾病，国内只有少量报道；有关的资料在某某书籍、某某杂志上的第几页；书籍和杂志在图书馆的哪一个书架上的什么位置。医生跑去一查，果然丝毫不差。诊断经化验证实后，病人立即得到了有效的治疗。

还有一位病人，一直当作患结核性脑膜炎进行治疗，但疗效不明显。张孝骞对这位已被确诊的病人进行详细检查，发现病人的后颈部有一个大的淋巴结。凭着长期的临床经验，他注意到了这个不算太异常的体征。凭着这个线索，他查明了病人患了一种名为传染性单核细胞增多症的神经系统并发症。这种病往往可以自然好转。于是，停止了原来的治疗，病人果然恢复了健康。

有一种叫做铁粒幼细胞性贫血的疾病，也是很罕见的。有一次，一位30多年未诊断清楚的贫血患者来协和就诊。一些大医院曾诊断为缺铁性贫血，但补充铁剂药物，效果不明显。有的医院诊断为其他疾病引起的继发性贫血，却又找不到病源。张孝骞参加了对这个病人的会诊，认为病人患了铁粒幼细胞性贫血。后经骨髓涂片的特殊染色检查和血清铁测定，证明张教授的诊断是正确的。

对一位持续高血压而病因不明的病人，张孝骞凭着自己全面体检的硬功夫，发现病人的外耳道里有个小结节。他从这个不起眼的小结节入手，为病人作出了明确的诊断：化学感受器瘤。这种病也很罕见，许多年资不低的医生，甚至还不知道有这样一种疾病。

60年代中期，协和来了一位女病人。他的症状奇特，患感冒就休克。其他医院曾为她作过麝香草芬浊度试验，结果为阳性，因而被诊断为肝功能不正常，认为患了肝炎。来协和后，张教授为她作了检查，怀疑过去的诊断，却一时下不了结论。

张教授反复端详这位病人，突然产生了一种似曾相识之感。于是他问："你过去在协和看过病吗？"

"来过。"病人回答说，"不过，那已是30年以前的事了。"

"当时看的什么病？"张教授一边搜索着头脑中的印象，一边又问。

"是因为难产，请协和的医生到家里治疗的。"

张教授记起来了：那是在抗战之前，这位病人因难产而失血过多，自己还为她输过血呢！可是，30多年过去了，协和又遭受了战争的洗劫，病历已荡然无存，借病历来诊断的可能性没有了。

这是一个摆在张教授面前的难题。虽然长期以来，他在门诊或查房时，总是随身携带着一个小本子，把一些临床病例扼要地记录下来，积累了相当可观的"资料库"，但战前的资料已在颠沛流离中散失了，现在

也无法找到。

他凭记忆进行着艰难的思索，终于理出了一些头绪。他认为正是那次难产时的大出血，引起了脑垂体坏死，导致脑垂体机能衰退，造成甲状腺、肾上腺等内分泌不足和应急反应的缺陷，在受到紧急感染时，就会发生休克。她的阳性血清浊度试验，正是甲状腺机能减退、血脂质增加的结果。经过这番思考之后，一个结论写进了病人的病案：席汉氏综合症。于是，病人服用了甲状腺片和肾上腺皮质激素等药物作替代治疗，病情很快好转。

这样的事例是不胜枚举的。不过，它们仅留在病人的记忆中，留在医院那些纸张已经发黄的病历里。如果有人将它们收集起来，写成著作，那或许真是一部名副其实的巨著哩！

医生的慧心

在与疾病和死亡的搏斗中，张孝骞始终握有两把利剑，一把是医学的技能，一把是医生的慧心。他常常把临床医学称为"服务医学"，并且因此而感到自豪和满足。长期以来，他不断用对事业的热忱和负责精神磨砺着医生的慧心之剑。医院的每一间病房可以作证，他是怎样数十年如一日地兢兢业业奔走于病人之中；图书馆里的每一排长椅又以作证，他是怎样利用每一点空隙时间和节假日，在这里翻阅着国内外资料，寻求疾病的治疗方案。协和医院每个周三下午的内科大查房，是张孝骞主任立下的规矩。这是内科医生们交流临床经验、讨论疑难问题的重要场所。这个规矩，除了在张主任自身难保的那场"文化大革命"中被冲掉以外，其他时间一直都坚持着。在张孝骞年逾八旬之后，他仍旧恪守着一份严格的工作程序表：一周四次查房，两次门诊，参加院内外会诊和各类学术、政治活动，每天审阅大量文章和稿件。

张孝骞作为一位著名学者，曾经接触过许多高级领导人；作为一名医生，又整天与来自不同行业、具有不同职务的病人打交道。在他眼里，所有的患者都是他的服务对象；他对待病人，从来没有贫富贵贱、地位高低、关系亲疏的概念，一律给予尽心竭力的诊断和治疗。

1981年初，北京郊区某医院在给一位农民看病时产生了意见分歧，决定请张教授作一次书面会诊。

张教授看过病历以后，觉得现有材料还不足以对病情作出诊断，于是嘱医院先给病人做一次骨髓穿刺和淋巴结活检。等有了检查结果后，自己再去那里会诊。

郊区医院的那位送病历的医生说："天这么冷，您年纪又这么大，不必亲自去医院了。等检查结果出来后，我们把结果告诉您，还是请您作书面会诊吧！"

张教授说："不见病人，我恐怕是没有作出诊断的勇气呀。"

那位医生走后，张教授立即就到图书馆去查阅有关资料，打算为会诊作好充足准备。

两天过去了，张教授仍未见到那位农民患者的检查结果。他对自己的助手余光明大夫说："请你给他们打个电话，问问那两项检查做了没有。"

余大夫告诉他，两项检查还只做了骨髓穿刺一项。

张教授一听，脸上掠过一道阴影。他对余大夫说："看来，我们不能再等待他们的检验结果了。耽误了病情，可是一件大事啊！走，我们马上去看病人。"

说着，张教授就穿起了大衣，冒着刺骨的寒风，同余大夫一道向那所郊区医院出发了。

就在去医院的路上，张教授颇有感慨地对余大夫说："作为一个医务工作者，除了要有过硬的业务技术外，更要有一颗全心全意为人民服务的心。我所说的医务工作者，不仅仅指医生和护士，而是包括了在医疗卫生部门工作的一切人。要知道，医院并不是为医生开办的，而是为病人开办的。因此，大家都应当有为病人服务的思想。过去，曾经有过

'一切为了病人'的口号，后来受到了批判，认为这是超阶级的口号。其实不然，医务工作者的目标应当是消灭疾病，不论疾病发生在什么人身上。"

张孝骞有一句名言："在病人面前，我永远是个小学生。"他常常对自己的学生和医护人员说，医学不像其他学科，可以通过定律进行推导，通过公式进行演算；同一种疾病，在不同人身上有不同的表现。可以说，每一个病例，都是一个研究课题。事实也证明，临床诊断和病理诊断总难完全相符。不管我们如何想使自己的诊断符合疾病实际，都只能是在一定条件下对某一阶段病情的认识。因此，从某种意义上说，当医生的时间越长，信心反而越小。从这一认识出发，张教授始终把"戒、慎、恐、惧"四个字作为自己的座右铭。每诊断一种疾病，他总要进行细心的检查和反复的观察，诚惶诚恐，如履薄冰，策及万全，生怕因为不周密和不慎重而导致误诊。

张孝骞认为，要求一个医生不犯错误是不可能的，重要的是要从错误中总结经验教训。对于自己作出的诊断结论，决不能以为"成竹在胸"，一定要用怀疑的眼光，多问几个为什么，并且随时准备在新的事实面前改变原来的结论。张教授常常向人们谈起这样的一个病例：80年代初，有一名病人因痰中带血、下肢浮肿而入院。化验结果，尿中有红血球。主管医生诊断为肺—肾出血综合症。张教授参加了会诊，也同意了这个诊断。可回到办公室后，他仍觉得放心不下。第二天他又到病房给病人作了进一步检查，发现腿部静脉有点异常。根据这个线索追踪下去，结果证明病人患的是移形性血栓静脉炎。这种静脉炎造成了肺、肾等多种器官损害，给了人以假象，险些造成误诊。

1981年9月，中国医学科学院为张教授行医60周年举行庆祝活动。张教授说："60年中，如果有什么经验可谈的话，'戒、慎、恐、惧'四个字应当算作头一条。其他技术问题上的经验，总是受到具体情况限制的，唯有这一条，对每个医务工作者都适用。"

最后的岁月

在几十年的行医过程中，张孝骞总是随身携带着一个小本子，专门记录从实践中得到的临床资料。年复一年，这种小本子积攒了几大箱。到了1983年夏天，他在繁忙的工作之余，产生了整理资料和撰写论文的愿望。那时，他正患坐骨神经痛，行动日益不便；更为严重的是，他的右眼早已因患视网膜炎而失明，左眼又患老年性白内障，视力不断下降，连病历上的字迹也看不清了，书写更为困难。这使他日益感到时光的紧迫，决心作最后的拼搏。在征得了内科领导的同意后，他请年轻大夫鲁重美作自己的助手，开始资料整理工作。

工作进展很顺利。谁也没有料到，就在这时，凶恶的病魔竟缠住了这位与病魔战斗了半个多世纪的老教授。在他的痰中，检出了肺癌细胞。

1985年9月2日，医院为他作了楔形切除手术，资料整理工作不得不暂时中断。

手术后情况良好。9月16日出院，中断的工作又恢复起来。在短短的时间内，便整理出400多张卡片。

10月31日，再次发现痰中带血。经检查，又一次发现了癌细胞。这说明肺癌已经扩散。

时间对张教授显得更为可贵了。他不顾疾病的折磨，夜以继日地伏案工作。

打击接踵而来。1986年1月26日，与张教授长期患难与共的妻子与世长辞。

女儿张友善从美国回来为母奔丧。她同时也给病中的父亲带来了一线希望：美国国立卫生研究院发明了一种治疗癌症的新方法，这就是抽出患者的血液，将淋巴细胞分离出来，加以处理，使之变成对癌细胞有杀伤作用的细胞，然后再注射到病人身体中去。

为了争取工作的时间，张教授决定前往治疗。

1986年2月14日，他随女儿去美国。到那里一了解，才知道这种方法的治疗效果并不像公开报道的那么理想。对于一个年近90岁的老人来说，采用这种疗法还有较大的危险性。

既然如此，张教授只好悻然而返。

6月19日，他回到北京，继续整理资料和文稿。

10月中旬，他感到胸痛，以为是老年性骨关节炎发作，服用了几片阿斯匹林镇痛，没想到竟引起消化道出血。他重新住进了医院。这以后的检查表明，他的第三胸椎已遭受癌肿的破坏，病情在急剧恶化中。

医生们知道，张教授已经到了生命的最后关头。张教授自己也明白，时间对他已经不多了。为了争取这最后的分分秒秒，他把一大摞卡片和稿纸带进了病房。可是，从此以后，这些卡片和稿纸只是陪伴着他度过了9个多月的痛苦时光。

他完全失去了工作能力，唯有一颗忠于医疗事业的心还在不息地跳动。他嘱咐协和医院内科的负责人，一定要注意医疗质量，重视医德建设。

张教授的学生、卫生部部长陈敏章每次来医院探望时，张教授总是一遍又一遍地重复着一句话：千万要抓好医疗工作！

万里、习仲勋等领导人得知张教授患病的消息，亲自来到病榻前慰问。陈云、邓颖超也派人送来了鲜花和糕点。

由湘雅医学院改建的湖南医学院院长捧着花篮、提着蜜桔，从千里之外赶到北京，探望病床上的张教授。

许多同事、同行、朋友和接受过张教授治疗的病人，也先后来到医院，问候他的病情。

然而，人们最担心的时刻终于到了。1987年8月8日上午7时27分，张孝骞教授以90岁的高龄溘然长逝。

我国现代物理学的开拓者严济慈

1996 年 11 月 2 日，电波把一个噩耗传遍了全国：第六届和第七届全国人民代表大会常务委员会副委员长、九三学社中央名誉主席、中国科学技术协会名誉主席、中国科学院学部主席团名誉主席、我国现代物理学的开拓者严济慈，因病在北京逝世。

为我国科技和教育事业奋斗了半个多世纪的这位著名科学家的去世，在科技和教育工作者中间引起了极大的悲痛。他的亲人，他的朋友，他的学生，以及那些与严老并不相识、却很敬重他的学术品行的人们，都以不同方式表达着对他的怀念，缅怀着他在开创我国现代物理学研究和科技人才培养方面的丰功伟绩。

农民的儿子

严济慈出生于上一个世纪之交。那时，反动的封建政权已处于风雨飘摇之中，帝国主义侵略势力正在中华大地横行肆虐。

严济慈可以说既生不逢时，也生不逢地。他于 1900 年 12 月 4 日降生在浙江省东阳县下湖严村。东阳是一个丘陵地区，宜耕地极少。农民们虽然辛勤耕耘，可打下的粮食仍旧填不饱肚子。严济慈一家七口人，只有两亩多地。为了寻求温饱，父亲严树培不得不奔走于杭州、诸暨等地，做一点小本生意。

随着子女的增加，严树培一家的日子越来越艰难了。严济慈上有两个姐姐，下有一妹、一弟。要把这么多子女一个个送进学校念书，显然力不从心。严树培凭着自己的直觉，认为在五个孩子中，济慈最可造就。他平时寡言少语，个性沉稳，可却有着对知识的强烈渴求。于是，严树培下定决心，以牺牲其余子女的学习机会为代价，全力培养济慈一人。

严济慈刚满 7 岁，父亲就将他送进了一家私塾。有一次，严树培到杭州去做生意，在书摊上见到一本《笔算数学》，便如获至宝地把它买回来交给济慈阅读。当时的私塾，并无数学课程，可这本书仍旧使严济慈极感兴趣。经过日夜攻读，他终于弄懂了这本书的全部内容，并进而引发了他对数学的爱好。

1912 年，刚刚 12 岁的严济慈就离别了家人，到离家 30 里的东阳县立宏道小学当了插班生。这所小学与私塾大不一样，除了语文以外，还有数学和自然常识方面的课程。严济慈凭着自学的数学知识，对这里的课程仍旧游刃有余，感到毫不费力。第二年，他小学毕业，竟以第一名的成绩考入了东阳县立中学。

在中学四年中，严济慈在数理方面的才能得到了进一步发挥。他成了全校闻名的解题能手。凡中学知识范围内的那些难题、偏题和怪题，几乎没有能够难倒他的。

除了数理课程外，严济慈的英语也学得很好。他的英语教师傅东华是一位著名的英语翻译家，而且具有很强的教学能力。在课堂上，他采用英文原作《泰西五十轶事》、《莎士比亚故事集》等为教材，着力培养学生的阅读兴趣；在课外，他还向学生推荐优秀的英文书刊，以进一步提高学生的英语水平。在傅东华老师的鼓励和帮助下，严济慈还多次参加商务印书馆出版的《英文月刊》、《英语周刊》举办的征文竞赛，并屡

屡获奖。这不仅使他获得了免费订阅这些刊物的优惠，而且使他的知识面得到了进一步扩展。

面对这个刻苦自砺的农民的儿子，傅东华打心眼里喜爱，并感到他必有锦绣前程。于是，他给严济慈取字为"慕光"，祝愿他走上一条光明的坦途。

严济慈果然没有辜负父亲和老师的期望。1918 年，严济慈从中学毕业时，他连破三关，竟然接连取得三个第一：毕业考试全校第一名，全国高等师范联合入学考试全省第一名，南京高等师范复试第一名。为此，浙江省教育厅竟破例给东阳县立中学追加一笔经费，以作为对它培养了像严济慈这样的优秀学生的奖励。

两所大学的录取生和毕业生

1918 年夏天，中学毕业后的严济慈到省城杭州投考大学。他接连报考了南京高等师范和南京河海工程学校，不料被两所大学同时录取。

当两份录取通知书全部拿在手里的时候，严济慈不得不从中作出选择。他最终进了南京高师，这是因为师范不仅不要交纳学费，而且可以免费提供食宿。对于家境贫寒的学生来说，进师范是最理想的出路。

南京高等师范分本科与专修科。本科学制四年，有数理化、文史地两部；专修科学制三年，有工、商、农、教育、体育、英文六科。严济慈报考的这年，恰好本科不招新生，只有专修科可进。严济慈在商业专修科读了一年，甚感乏味，第二年就转到工业专修科继续学习。工业专修科的课程也无法满足他对知识的渴求，他学了一年以后又转到本科数理化部二年级攻读。

1919 年，从法国留学归来的何鲁应聘到南京高师任教，担任数理化部和工业专修科的数学教师。他用法国的课本来教育学生，内容艰深，使许多学生无法听懂。为了改变何鲁的作法，学生们竟然以罢课来抵制。然而，何鲁却并不因此而放弃法国教材。每次上课铃声一响，他仍旧挟着那些法国课本走进教室。这时，空空荡荡的教室里只有一名学生在等待他的到来，并能够专心致志、津津有味地听他讲授那些艰深的数学内容。这个学生就是严济慈。

这种特殊的背景，使何鲁与严济慈成了忘年交。以后，何鲁干脆不去教室上课了，而把严济慈一人叫到自己家里去授课。

何鲁在南京高师只呆了一年，1920 年就到上海中法通商惠工学校任教去了，可他与严济慈的交情却并未因此而中断。每年暑期，何鲁都邀请严济慈到上海去度假。严济慈吃住在何鲁家中，一方面自学法文，一方面阅读那些被其他同学视为"天书"的数学教材。

数学成绩显然在一般学生之上的严济慈颇受学校重视。1922年，他就被南高附中请去为高中数学补习班讲课。1923年夏天，南京为全国各地到那里报考大学的高中毕业生办了一所暑期学校，严济慈又成了暑期学校的数学教师。

何鲁在中国公学上学的时候，有一位英语教师叫王云五。王云五后来成了商务印书馆编译所所长。1923年夏天，王云五去何鲁家，与严济慈不期而遇。何鲁在自己的老师面前极力称赞严济慈的才华和刻苦精神。王云五当即向严济慈约稿，请他把自己讲课的内容写成教科书出版。

严济慈日夜苦干，很快拿出了《初中算术》和《几何证题法》两本书稿。这两本由商务印书馆出版的数学书在以后的几十年中多次重版，培养了我国一代又一代的年轻人。我国早期的不少数学家，都是在读了这两本书后而跨入数学之门的。

1920年，南京成立东南大学，南京高师被并入东大。因此，严济慈在1923年毕业时，既是南京高师的毕业生，又是东南大学的首届毕业生。他考上了两所大学，又毕业于两所大学。

就在大学毕业之际，严济慈便被中国科学社接受为正式社员。

中国科学社是我国第一个现代科学技术学术团体，于1913年由杨铨（杏佛）、任鸿隽、赵元任、胡明复、胡刚复、竺可桢等在美国康乃尔大学创立，后又与何鲁等在法国创办的"学群"团体合并。中国科学社接收社员的条件十分严格，凡未出国留学的人士入社，均只能称作"仲社员"，严济慈被接受为正式社员，只是一个特例。这标志着他已在我国科学事业中占有一席之地。

在南京求学期间，严济慈还有另一段插曲。这就是他结识了自己的终身伴侣张宗英。

出生于江苏宿迁的张宗英比严济慈小一岁。1919年，她毕业于南京第一女子师范，并考入北京女子高等师范。在那里，她受到革命家李大钊、瞿秋白等的影响，成为学生运动的领袖。1920年夏，她回到南京，欲投考南京高等师范数理化部。经人介绍，严济慈成了她补习数学的家庭教师。同年，张宗英考入东南大学数理系。她不仅是东南大学的第一名女学生，而且也成了严济慈的同学。在长期的接触过程中，他们结下了深厚的友谊。以后，这种友谊进一步转化为爱情。1923 年秋，这对情侣在南京订婚。

第一次赴法

严济慈以第一名的成绩从南京高师毕业后，老师何鲁、熊庆来等人都一致鼓励他到法国去留学。当时去法国留学是自费的。不过，严济慈刚得了两本书的稿酬，加上岳父和老师们的资助，手里已有了一些钱，促使他下定了赴法的决心。

1923 年冬，严济慈从上海踏上了开往法国马赛的邮船，揭开了人生道路上新的一页。

他在巴黎近郊的一所中学实习了几个月法文，第二年就进了巴黎大学理学院学习。

当时法国的大学采用的是宽进严出的制度，大学的校门是向社会敞开的，但要想从这里拿到文凭却很不容易。在这种学制下，巴黎大学就拥有 10 万名学生，既不分系，也不分年级，每门课程均由一位知名教授主持，上课时任何人都可以去听。各科的考试在 5、6 月份进行，及格一门就给一张文凭。考试是极严格的，每门课分笔试、实验和口试三次进行，只要一次通不过，文凭就泡汤了。因此，参加考试的学生虽然很多，但能获得文凭者却超不过三分之一。

1925 年夏天，刚在巴黎大学学习了一年的严济慈就加入了应试者的队伍。出人意料的是，这个中国学生竟然一连获得了物理、数学和力学三张文凭，并取得了数理教学硕士学位。

严济慈的名字很快在巴黎大学传扬开来，老师和同学们都对他的才能表示钦佩。可他并不以此为满足。他给物理学教授夏尔·法布里写了

一封信，请求对他下一步的学习作出安排。当时法布里教授正准备去度暑假，只是约定严济慈于 9 月底见面再谈。

几个月的时间转眼即逝。9 月底的一天，严济慈如约来到法布里的寓所。教授看中了这个才华出众的中国学生，决定接受他为自己的研究生。他还给严济慈选定了一个研究课题，即水晶（石英）在电场下的形变。

早在 1881 年，法国著名物理学家比埃尔·居里和他的哥哥雅克·居里就共同发现了晶体压电效应，即对水晶片加压后，其两面可以产生正电和负电。比埃尔还进一步证实，在一定面积的水晶片上加一定的压力，产生的电量是一个常数。反之，如果水晶片的两面加上电场，水晶也将发生缩短或拉长的反应，这就是晶体压电效应的反现象。比埃尔的老师李普曼认为，晶体压电效应的正现象和反现象的两个系数从理论上应当相等。比埃尔想通过实验来进行测定，但却未能如愿。

压电效应发现以后，许多物理学家都从实际应用上作了不懈的探索，法国著名物理学家保罗·朗之万就是这些探索者中的一个。在第一次世界大战期间，他利用压电效应制成了潜艇侦察仪。因为水晶片通上交流电，就可以在频率很高的一伸一缩之中产生超声波，从而可以探测到水下障碍物或潜艇的存在，并可推算出它的距离。

严济慈希望通过自己的实验，来测定水晶通电后所产生的压力或拉力的大小与电量大小之间的对应关系，这就必须要测量出在一定电量下水晶厚薄改变的数量。这个看似很容易的问题，实际上正是前辈科学家留下的一道难题。因为水晶通电后所产生的变形是微乎其微的，用机械手段无法测量出来，必须找到一把能量出这种变形的"尺子"。

难题最能激发科学家的探索精神。严济慈为此而废寝忘食，不知寒暑。法布里教授也为他的研究工作提供了尽可能多的方便条件。严济慈可以在任何时候任意出入实验室，可以动用任何仪器设备；实验室在任何时候都为他准备电源、煤气和自来水……

经过一年多的艰苦努力，严济慈终于找到了一把精确的"尺子"，可以度量出水晶厚薄的变化。这把"尺子"就是单色光！

1927年，严济慈完成了自己的博士论文。整篇论文由三部分组成，即《石英在电场下的形变》、《石英在电场下的伸缩》和《石英在电场中光学性质的改变》。很显然，他不仅完成了法布里教授指定的题目，而且在此基础上有了更大的扩展。

按规定，法国国家科学博士一级的论文，必须在公开答辩前一个月交给学校，由学校印出100份交给有关专家学者审查。严济慈只好在焦急中等待着专家们的审查结果。

有一天，法布里从实验室把严济慈叫到一旁，和颜悦色地问道："你的论文可否等几天再发表？"

"当然可以。"严济慈虽然不明白导师为什么提出这样的问题，但还是给了一个肯定的回答。

心中纳闷的严济慈把法布里教授的问话告诉了实验室的同事，并询问个中缘由，可同事们都不给予正面回答，只是笑着说："过几天你就明白了。"

原来，法布里新近当选为法国科学院院士。他准备在自己宣布就职的科学周会上来宣读自己的学生的这篇高质量论文。

几天后，谜底揭开，实验室的同事们纷纷向严济慈表示祝贺，他们说："我们的老师是以你的论文开始他的院士生涯的。"

第二天，《巴黎晨报》便刊出了严济慈和他的导师在一起的照片。

转眼到了夏天，严济慈顺利地通过了论文答辩，成为第一个荣获法国国家科学博士学位的中国人。

得了博士学位后，严济慈开始作回国的计划。1927 年 9 月，严济慈在乘一艘邮船回国的途中，偶然与我国著名画家徐悲鸿相遇。

那天，严济慈站在甲板上凭栏远眺，突然，他发现自己的面前站着一位约 30 岁的中国人。

"你是严济慈先生吗？我是徐悲鸿。"面前的中国人先开口了，并向严济慈伸出了友谊的手。

严济慈有点惊讶。他一边握着徐悲鸿的手，一边问道："你怎么会认识我？"

"你的照片登在《巴黎晨报》上，使所有的在法国的中国人都为你感到骄傲!"徐悲鸿说。

原来，徐悲鸿为了博采西方艺术之长，从 1919 年 3 月就来到了欧洲。他先后在伦敦、巴黎、柏林等地居留了八年之久，如今也踏上了回国的旅途。

对于这次相逢，徐悲鸿感到异常兴奋。他想给这位名震法国科坛的青年留下一点纪念，却又苦于拿不出像样的纪念品来。忽然，他心生一计，对严济慈说："为了表达我对你的敬意，我给你画一幅像吧。"

于是，就在这艘颠簸的邮船上，年轻的画家很快为年轻的物理学家画了一幅人像素描。人像的旁边，还写下了"科学之光"四个大字。

从傅东华老师为他取字"慕光"，到他赴法留学，以单色光测量了水晶在电场中的形变，到徐悲鸿为他题写"科学之光"，严济慈似乎始终与"光"结下了不解之缘。是的，他走上科学之途，就是为了发出一分光来，一份能照亮祖国未来的光芒，一分能改变中国人命运的光芒。

第二次赴法

1927 年 11 月 11 日，严济慈与张宗英在南京举行了婚礼。

回国以后，严济慈发现国内的情况发生了不小变化，他的老师和朋友不少都担任着教育界的要职。何鲁任中国公学校长，胡敦复任大同大学校长，胡刚复在筹办第四中山大学，曾对他留法给过帮助的原交通部副部长郑洪年任暨南大学校长。他们知道严济慈学成归国以后，都向他发出任教的邀请。虽然这四所学校分别在上海和南京两地，相处遥远，但严济慈觉得对谁的邀请也不好拒绝，于是都一一应承下来。他奔走于上海、南京之间，每周任 27 课时，甚感劳累，但却凭着惊人的毅力坚持下来了。

从 1927 年 10 月至 1928 年 10 月的一年中，听过严济慈的课，并且受过他科学精神影响的学生难以数计，我国著名科学家钱临照、陆学善、顾功叙、余瑞璜、霍秉权等，当年都是严济慈的学生。

1928 年夏，中国科学社在苏州东吴大学召开年会，严济慈被选为理事。同年冬，他又获得中华教育文化基金会甲种补助金。这使他再度萌发了赴法学习的念头。

这次出国，严济慈抱有更远大的目标。在学校师生们为他举行的欢送会上，他开宗明义地说："此去希望能更充实自己，负起开展我国科学事业的大任。我这次出国是代替我的儿子出去的。我希望能把西方的先进科学真正学到手，使科学技术在中国这块土地上生根。这样，到了我的儿子这一辈，他们就不需要再漂洋过海到国外去求学了。"

在辞去了学校的教职以后，严济慈把刚满百天的长子又光交给了岳父母照顾，自己偕妻子同赴法国。他们在巴黎大学区租了一所公寓。严济慈在巴黎大学法布里实验室继续从事光谱学研究。张宗英则攻读文学。

1929 年，严济慈来到居里夫人实验室，居里夫人正好买到一架新的显微光度计，请他帮助安装。他完成了这一任务，并用这一光度计做了有关干涉现象的实验。

这一年，张宗英生下了次子双光。

1930 年 8 月，严济慈到法国科学院大电磁铁实验室（即戈登实验室）工作。这个实验室拥有当时世界上最大的电磁铁。对于严济慈的到来，戈登教授十分欢迎。他把刚买来的 X 光设备交给严济慈，并指派两名工人协助他安装设备。当设备安装好了以后，戈登教授又给他出了一个题目：重新检验美国芝加哥理学院院长安利森的论文《X 光通过磁场在一种液体中的两种效应》。严济慈通过仔细的测定，发现安利森的论点不能成立。他将自己的观点写成了一篇仅仅一页的论文，得到了戈登教授的认同。

在法国两年，严济慈写了一系列论文，均受到同行称赞。

1930 年 12 月，严济慈考虑回国。国内不少单位闻讯，纷纷电邀他去担任各种职务，其中包括颇负盛名的中央研究院院长蔡元培和他的朋友李石曾。蔡元培邀请他去负责物理研究所，李石曾邀请他去筹办北平研究院。

李石曾也是严济慈在 1927 年回国的船上认识的。他们相识以后，李石曾特别欣赏严济慈的才能，并与他保持着密切联系。

这一次，严济慈夫妇是乘火车从西伯利亚回国的，北平是入关后的第一个大城市。夫妇二人虽然是第一次来到北平，可却很快对这里产生了好感。他们觉得这里天开地阔，民风淳朴，是个安心做学问的好地方。于是，严济慈最终接受了李石曾的邀请，留在北平筹办北平研究院。

成果迭出的年代

1931 年 2 月，严济慈正式开始了北平研究院的筹办工作。

他同时担任北平研究院物理研究所和镭学研究所两个所的所长。研究院设在东皇城根 42 号。此处原是李石曾的读书之地，院内新建一座三层小楼，每层 16 个房间，分别由物理、化学、镭学、药物四个研究所均占。刚过 30 岁的严济慈，手下聚集了一批刚从大学毕业不久的年轻人，如钟盛标、钱临照、陆学善、顾功叙、翁文波、吴学蔺、陈尚义、吕大元等。他们全都朝气蓬勃，极富创造精神。

严济慈一方面担负着培养这些青年人的任务，一方面亲自从事实验研究工作。在以后的八九年间，是他科研工作大获丰收的年代。在此期间，他一共发表了 53 篇论文，为物理学的多个领域作出了重大贡献。这些论文，除两篇发表在《中国物理学报》外，其余的都发表在法、英、美、德等国的权威学术刊物上。

在光谱研究方面，他开展了对臭氧吸收光谱的研究及臭氧吸收光的系数测定。这一成果引起了国际物理学界的高度重视，他所测定的系数一直被各国气象学家利用了 30 年之久，作为探索大气中臭氧层变化的依据。

在压力与照相的研究方面，他发现对照相底片施加压力时，感光时间需要延长，照相效果才能与无压力时相同。他还发现，压力使照相底片灵敏度变化的效应还与光的颜色、底片质地有密切关系。这一成果在工业生产、人民生活及科学实验中均可得到实际应用。

在压电晶体研究方面，他不仅实验证明了居里发现的压电现象，而且以光的干涉法测量了水晶圆柱的长短和内外半径与扭力所产生的电量的定量关系，其实验值与理论值符合极好。他还进一步把这项研究推广到无线电振荡器中，以共振方法检测了电振荡频率与水晶片大小的关系。这为他以后在抗日战争中生产水晶振荡器提供了理论依据。

严济慈对我国科学事业的另一贡献，表现在他对年轻人的培养。许多年轻人在物理研究所和镭学研究所工作几年后，都被严济慈一一安排出国深造。这些人后来都成了各方面的专家。如石油勘探专家翁文波、光学专家王大珩、光谱学家陈尚义、放射化学专家杨承宗等，都曾有过这样的经历。此外，清华大学利用庚子赔款选派学生出国留学，物理试题均出自严济慈之手。他从中发现了一批很有才华的青年，尽力为他们提供了出国深造的机会。

1935年，严济慈与法国的约里奥·居里以及前苏联的卡皮查同时当选为法国物理学会理事。

1937年5月，严济慈应邀去巴黎出席国际文化合作会议、法国物理学会理事会和法布里院士的退休庆祝会。他这次法国之行，还有另外一个任务，就是要把他的年轻助手钱三强送到巴黎大学镭学研究所著名的居里实验室去学习。

他到巴黎不久，国内就传来了令人痛心疾首的消息：日本侵略者发动了"七·七"事变，抗日战争随之而爆发。严济慈便利用国际文化合作会议的讲坛，呼吁世界的正义力量起来制止日本帝国主义的侵略行径，不让侵略者轰炸千年古都北平，以保证那里的文物古迹不被破坏。

1937年底，正当严济慈准备回国的时候，侨居法国的李石曾突然找到他，要他陪同刚从莫斯科来到巴黎的吴玉章去见法国的进步科学家朗之万。因此，严济慈又不得不在法国滞留了一段时间。他与吴玉章谈得十分投机。在他的联络下，朗之万教授多次召集群众大会，请吴玉章在会上进行抗日宣传。

1938年初，严济慈启程回国。路过里昂时，里昂天文台台长杜费教授请他吃饭。这时，《里昂进步报》的一位记者在场，并就中国抗战的形势采访了严济慈。严济慈告诉这位记者，中国人民不管要经历多少艰难困苦，一定会取得抗日战争的最后胜利。他还说："我虽是一个书生，不能到前方出力，但是我要立即回到我的祖国，和千千万万中国的读书人一起，为神圣的抗战奉献我们的绵薄之力。"

这位记者大概误解了严济慈的意思，第二天在《里昂进步报》上发表消息说，严济慈将率领大批赴法留学生回国投入抗战……

消息传开，严济慈已在回国的船上。一些关心他的朋友给他拍来电报，嘱他千万不要在日本侵略者占领下的上海登岸，否则，他将会受到侵略者的迫害。

严济慈听了朋友们的劝告。船在香港靠岸时，他便悄悄地下了船，然后经越南河内来到云南昆明。

此后，他让家属从敌占的北平转移到了后方昆明，同时又在昆明筹

划北平研究院的迁滇工作。

在整个抗日期间，严济慈把在昆明的研究工作转向了为抗战服务。为了对付日本飞机的频频轰炸，严济慈带领科研人员日以继夜地研制石英振荡器，以便在敌机轰炸时及时提供警报。此外，他们还制作了 500 架放大 1400 倍的显微镜，供给担负战时救护任务的医院和学校。由于这一出色工作，严济慈在 1946 年获得了国家颁发的"胜利勋章"，成为科技界获得这一勋章的两人之一。

为了让更多的人进入实验室

严济慈是在美国华盛顿得知抗战胜利的消息的。1945 年 6 月，他应美国国务院邀请赴美考察访问，直到第二年 2 月才回国。

回国后，严济慈立即投入北平研究院的恢复和重建工作。可他没有料到，抗战刚刚结束，内战又起烽烟。国内物价飞涨，科研经费奇缺，根本无法开展工作。当时的北平研究院每月经费只有 11 亿法币，折合 360 余元金圆券。除修建费外，7 个研究所每所每月只能分到 1 亿法币，折合金圆券 33.3 元。研究员每月研究费只有 200 万法币，即金圆券 6 角余，连一块大饼也买不到。

在这种情况下，严济慈只好埋头写书。从 1945 年到 1948 年，他一共写出了《大学普通物理学》、《高中物理学》、《初中物理学》等不同层次的教材。这些教材在我国的教育工作中发挥了重要作用。

1948 年底，北平解放。1949 年，严济慈参加了吴玉章领导的中华全国自然科学工作者代表会议筹备会，并在其中担任秘书长。

这年 9 月，正在筹建中国科学院的郭沫若到北平研究院的物理研究所拜访严济慈。他希望严济慈能与他一起参与中国科学院的筹建工作。严济慈想，一旦参与筹建，将来势必担任科学院的行政领导工作，这恰恰是他所不愿意干的事情。于是，他对郭沫若说："一个科学家离开了实验室,科学生命就结束了!我不善长这方面的工作,还是请您另觅人选吧。"

郭沫若听后,以诗人的诙谐说:"要说善长,我也不是适合的人选。但是,如果我们的工作能使千万人进入实验室,那么,这一工作还是很有意义的。"

严济慈沉默了,他不得不承认郭沫若的话很有道理。

中国科学院成立后,严济慈被中央人民政府任命为科学院办公厅主任兼应用物理研究所所长。

1952年,严济慈受中央人民政府政务院任命,出任中国科学院东北分院院长兼东北人民政府委员。

当时,我国正处在第一个五年建设计划的前夕,东北作为我国的重工业基地,迫切需要在钢铁、机械、能源、化工等方面有一个大的发展,这就给科研工作者提出了相应的任务。严济慈一面招聘科技人员,补充仪器设备,一面开展研究机构的调整组建工作。在严济慈的组织领导下,金属研究所、机电工程研究所、土木建筑研究所相继建立,大连的"南满铁路试验所"被改建为石油研究所,原东北科学研究所的选矿、机械、电机、耐火材料等研究室也作了体制上的大调整,原东北农学院植物调查研究所与土壤研究所东北工作队,被改建为林业土壤研究所。此外,他还提请中国科学院将上海的物理化学研究所迁到长春,与长春综合研究所并建,侧重应用化学方面的研究。同样是在严济慈的组织领导下,一大批科技精英被调到了东北分院,其中包括石油专家张大煜、物理学家李薰、光学专家王大珩、力学家刘恢先以及生物地学家刘慎谔、宋达原、张宪武等。

这以后,东北分院各所在各自的科学领域里形成了强大的人才优势和全国性研究中心,科研成果不断涌现。据1953年底统计,分院共开展了163项研究,大部分已按计划完成,其中60余项取得成绩,28项有显著成就,为工农业和国防的恢复与发展立下了汗马功劳。各所发表的研究报告、论文达171篇,还写出了《东北木本植物志》等专著3册,受到科技界、教育界和产业界的欢迎。严济慈真正实现了郭沫若院长提出的"使千万人进入实验室"的愿望。

1955年，中国科学院成立数理化学、生物地学、技术科学和哲学社会科学四个学部，撤销分院建制，各研究所改由各有关学部隶属，严济慈调任中国科学院技术科学部主任。

1956年，严济慈率领考察团赴前苏联考察，并会见了两位著名科学家，一位是卡皮查，一位是前苏联唯一在世的沙皇时代院士若飞。

1958年，中国科技大学成立，严济慈又重新拿起教鞭，走上了科大的讲坛。1960年，他又兼任科大副校长。他从1928年第二次赴法学习，至今已整整30年没有从事教学工作了。从1958年9月至1964年6月，他每周教课6小时，从未间断。他的课讲得精采、生动，因而听课的人特别多，教室里总是挤得满满的。后来担任中国科技大学党委书记兼副校长的余翔林回忆说："记得那一年冬天，正值困难时期，天气很冷，在可容纳300人的202大教室上课，严老脱去大衣，以洪亮的声音、严谨的逻辑、周密的推理、明晰的概念、生动的语言，讲述电磁学的原理与

发展，特别是关于爱因斯坦狭义相对论的讲解和对麦克斯韦方程的讲解，使学生受到深刻的科学创造思维与科学美的熏陶。"

在科学的春天里

"文化大革命"期间，严济慈及其全家遭受了沉重打击。1971年，年仅42岁的次子严双光遭拷打至死。在整个"文革"时期，严济慈也被剥夺了工作的权利。就像在解放前夕的内战年代一样，他重新拿起笔来写书。他始终坚信，他的著作总有一天会在我国的教育事业中发挥作用。从1966年开始，他为高等学校物理教师写了一本教学参考书《热力学第一和第二定律》。这本书虽然直到"文革"以后的1978年才出版，但却很快销售一空。大连工学院一位教授在读了这本书后对严济慈说："读了您写的《热力学第一和第二定律》，我才知道自己过去并未真懂这两大定律。"

粉碎"四人帮"以后，科学的春天重新回到了祖国的大地。严济慈像一棵逢春的老树，重新抽出了青枝绿叶。

1977年10月，中国科技大学研究生院在北京成立，严济慈任院长。

1978年2月，严济慈被任命为中国科学院副院长，繁重的行政领导工作重又落到了他的肩上。

1980年1月，年已80的严济慈加入了中国共产党。同年2月，他又被任命为中国科技大学校长。

这年5月，严济慈应法国索非亚·安蒂波利斯科学城国际科学委员会主席皮埃尔·拉菲特教授的邀请，出席这个委员会的第一次会议。这是他第五次来到法国，法国的科学界给予了他以隆重热烈的欢迎。

1981年5月，他为了给年富力强的科学工作者让路，卸掉了中科院副院长职务，继而被选为中国科学院学部委员会主席团执行主席。

1983年和1988年，严济慈在全国人民代表大会上，两次当选为全国人大常委会副委员长。这期间，他除了忙于科学院的工作外，还要出席人大的各种会议，参与国家大事的讨论和政策法律的制定。

1984 年 11 月 3 日，与他相依相伴近 60 年的张宗英逝世，这使严老在精神上受到了极大的打击。

1991 年 8 月，法国授予严济慈"荣誉军团勋章"。授勋仪式于 8 月 29 日在北京举行。法国研究与技术部长贝尔·居里安专程出席这一仪式，并对严济慈在科学研究和推进中法科技交流方面所作的贡献给予了高度评价。

工作繁忙，加上年事太高，终于使严济慈耗尽了自己的全部精力。1996 年，当他以 96 岁的高龄溘然辞世时，人们在悲痛之余，都从心底里发出了最后的祝愿：安息吧，严老！

为天文学奋斗 60 年的张钰哲

在我们太阳系的火星与木星之间，有着成千上万的小行星，其中第1125 号小行星名叫"中华"，那是只有 26 岁的中国青年张钰哲发现的，他热爱祖国，所以把这颗小行星名命为"中华"。50 年以后，1978 年，国际天文学联合会把第 2051 号小行星用张钰哲的名字来命名，以表扬他在天文学上的贡献。1990 年，中国发行了张钰哲的纪念邮票，从此，张钰哲的名字就传遍了星空和地球。为什么张钰哲能得到这么高的荣誉呢？

让我们来回顾一下著名天文学家张钰哲所走过的光辉道路吧!

第一次看见彗星

　　1902 年 2 月 16 日,张钰哲出生在福建省闽侯县的一个小职员的家庭里。两岁时就失去了父亲,他和兄弟姐妹们跟着母亲度过清贫的岁月。小学时代读的那些四书五经对他后来的文学修养很有帮助。那时他还读过一本叫做《幼学歌》的书,里面讲了不少自然科学的常识,还有什么"步天歌"是教人认识星宿的,那些二十八宿的名字:"角元氏房星尾箕、斗牛女虚危室壁、奎娄胃昴毕觜参、井鬼柳星张翼轸。"他都能背得烂熟,但是那些星宿在天空中什么位置,是什么样子,怎样去寻找它们,他却一无所知,然而后来他却成了中国著名的天文学家,这又是怎么回事呢?

　　1910 年 5 月,天上出现了一颗长尾巴的彗星,天一黑,那颗彗星就挂在西面天空了,它有一个发亮的头部,还有一条朝东的长长的尾巴,人们都看见了,也都在议论纷纷。因为多少年来人们把彗星当做不吉祥的预兆,看见彗星出现说不定会引来多少天灾人祸。那时的社会迷信思想仍然占据了很多人的头脑。有些人为此烧香拜佛,有些人燃放鞭炮,想要赶走这个天空的怪物。那时张钰哲才 8 岁,他哪里懂得这些。但是好奇心驱驶他不时地去看看那条长尾巴的彗星,觉得挺好玩,又不时地问问妈妈,那颗扫帚星是怎么回事?可是妈妈也回答不了他的问题,就这样彗星的形象和疑团却长期留在脑海里不能忘记。谁知这无形中已经为他播下了一粒天文学的种子。在他 12 岁时,他又偶然看到一本《上下古今谈》,书中上谈天文下谈地理,也引起了他对天文知识的兴趣,这对他后来的人生道路也有了一些影响。

　　在小学毕业时,张钰哲的二哥到北京工作,就把全家搬到北京,张钰哲也就在北京上了中学,他努力学习,中学毕业时考了第一,他对英

语特别努力，因而得到了一本英文世界地图集。1919 年他考进了清华学校，这就是现在清华大学的前身。这里也是留学美国的预备学校。

发现了"中华"号小行星

1923 年张钰哲远渡太平洋前往美国留学。他先在一座大学里学习土木工程，想当一名建筑师。一天他在图书馆中偶然看到了一本《天文学》，奇妙的宇宙使他进入沉思冥想，接二连三地他又看到了新出版的天文学的大书，单那些美丽的照片图画把星空宇宙描绘得那么美丽而神秘，张钰哲简直给迷住了。他决心改学天文学了，少年时代看见彗星的回忆使他坚定了这一志向，他一定要去揭开这颗彗星的面纱。1925 年他转学到美国芝加哥大学天文系，1926 年毕业，1929 年获得博士学位。他在芝加哥大学的叶凯士天文台拜樊比博教授为师，后来这位老教授成了张钰哲一生的良师益友。

樊比博是观测研究小行星的权威，他把这一套熟练的技巧无保留地

传授给张钰哲，让他用这座天文台的优良天文望远镜去搜索位于太阳系中火星与木星之间的成千上万的小行星。1928年11月22日，张钰哲终于发现了一颗小行星。这一发现使张钰哲在天文学上初露头角，也对他后来所走的道路产生了深远的影响。在他惊喜激动之余，暗暗盘算该给这个小行星起个什么名字，这是小行星发现者特有的权利。他想到他的祖国曾经是天文学发达很早，天象纪录最丰富的国家。而现在国力不强，科学落后，受到洋人的欺侮和侵略，处处抬不起头来，因此他毅然决定，就把这第1125号小行星命名为"CHINA"，即"中华"，表达他对祖国的热爱之情。从此这1125号小行星便带着中华的自豪在太阳系辽阔的太空中翱翔。

年轻的大学教授

1929年的秋天，张钰哲完成了学业以后，准备立刻回国把自己学到的一切为他的祖国服务。他想中国现在还没有现代化的天文台，还没有足够的科技人员在从事天文工作，这都要去进行培养，去讲授天文学课程，去制造天文望远镜，去设计和建造天文台。因此为了充实自己的见闻和资料，他决定再去参观访问更多的天文台。他先后参观了美国和加拿大沿太平洋海岸的几座世界闻名的天文台。例如位于加利福尼亚州的威尔逊山天文台，那里有当时世界最大的口径为2.5米的反射天文望远镜，还有专门观测太阳的字塔。太阳的光和热是地球上万物生长的源泉，所以研究太阳是天文学中最重要的项目，当时这样的太阳塔还很少。张钰哲还尽自己的能力购买和采购了许多天文图书、照片、挂图、幻灯片，为了发展祖国的天文事业做好准备。

1929年的秋天，他回到了离别六年多的祖国，许多大学都争相聘请，最后他到南京中央大学成为物理系的一位年轻的教授，在那里讲授天文学、力学和物理学。同时他还被聘请担任中央研究院天文研究所的特约研究员。

六年的留学生涯，他都是在天文台、实验室和天文望远镜旁度过，回国后他失去了天文观测的条件，自然感到空虚，于是他又开始自己磨制天文望远镜的工作，他把很多的业余时间都花在设计和研磨望远镜上。同时为了普及天文知识和唤起人们对天文学的认识和重视，他主编了中国天文学会的《宇宙》杂志，编写出版了《天文学论丛》等图书。在这本书里，张钰哲记述了自己参观美国大天文台的观感；介绍了在大学里设立天文系的设想以及主张开设的课程；介绍了刚刚诞生不久的天象仪和天文馆；描述了宇宙的构造和面貌；展现了世界著名天文学家的研究成果和贡献……《天文学论丛》的文笔优美，内容充实，立刻使他的才华和抱负名满全国，成为我国天文学家的天文学名著之一，对我国的天文事业做出了贡献。也就在他回国不久，天文研究所开始在南京紫金山上修建天文台，1934 年秋，紫金山天文台建成，眼看我国现代天文学事业将要大步发展，但不久之后抗战爆发，张钰哲和妻子儿女随中央大学内迁重庆，天文研究所也离别了新建的紫金山天文台，只带出了天文望远镜的镜头和易带的天文仪器及图书，远远迁往云南昆明，发展中国现代天文事业的梦想又破灭了。

观测日食的长征

自从 1937 年秋天，中央大学迁到重庆以后，张钰哲就和他的一家人在沙坪坝嘉陵江畔度过了三年多的艰苦岁月。1940 年岁暮寒冬之际正是张钰哲一生的重要转折点。那时中央研究院进行人员调整，聘请张钰哲为天文研究所所长，这是当时我国天文学界最高学术机构的领导职位，但正值抗战艰苦之时，这样的位置并不是去享受什么荣华富贵，而是去迎接更艰巨的任务，准备去吃更多的苦头。思考再三，张钰哲不顾自己单薄的身躯，也不管那遥远的路途，告别了一家妻母老小，毅然前往千里之外的昆明上任就职。比起南京紫金山天文台的富丽建筑，现在来到的昆明凤凰山天文台真有天地之别，这里是一个荒郊野外的小山岗上的几间矮小的砖瓦房，还比不上重庆中央大学的条件。1941年年初，张钰哲就来到这里担任起天文研究所所长。他早就知道1941年在天文学上是一个重要的年份，因为在这一年的9月21日，将在我国发生一次日全食的罕见天文现象，这也正是对太阳进行观测研究的绝好机会。回顾历史，我国有世界上最早和最丰富的日食记录，但是还从没有在我国境内进行过一次现代化的日食观测。张钰哲知道这一空白应由自己去填补，这一任务应该自己去担当，所以他到了昆明之后，第一件事就是筹备组织1941年9月21日的日全食观测，经过充分讨论研究，观测点定在甘肃省临洮县，这距昆明有3000千米。

当时经费十分困难，他排除万难去筹集经费，拼凑仪器，经过几个月的努力，终于组成了日食观测西北队，在1941年6月底乘坐运货的大卡车由昆明出发，穿越云贵高原，经过险要的七十二弯、钓丝岩、娄山关进入四川，跨过滔滔长江，到达重庆，再经成都，越过嘉陵江，穿剑门关，由栈道出川，再翻越秦岭，经天水奔赴甘肃临洮。其可以说是历尽千辛万苦的观测日食的科学长征！路上多次遇到敌人飞机的空袭。最危险的一次是在重庆南郊附近，敌机从头顶飞过，炸弹在附近爆炸，尘土泥块飞溅到卡车上，幸亏人和仪器未受损伤。

日食当天，天气晴朗，观测圆满成功。拍摄到日全食的照片和我国的第一部日全食的彩色影片，并且通过报刊展览对广大群众进行了一次生动的科普宣传。张钰哲对这次日食观测除了写成科学论文在国内外的学术期刊上发表外，还用几万字详细叙述了这次日食观测的全过程。为了向全世界控诉日本军国主义者侵华暴行，张钰哲还用英文写了一篇《在日本轰炸机阴影下的中国日食观测》，在美国的《大众天文学》杂志1942年第3期上发表，这也可以看出我国科学家是用怎样的方式去热爱自己的事业和祖国。在兵荒马乱的战争年代，能够完成这样的日食观测，张钰哲为此费尽心血，在全体队员的共同努力和艰苦奋斗后，取得了珍贵观测资料，因此为我国现代科学史谱写了值得赞颂的光辉篇章。

从凤凰山到紫金山

日食观测胜利完成以后，张钰哲回到昆明开始了日常的力所能及的天文工作。生活是十分艰苦的，他竟因此患了严重的胃病，靠了同事和朋友们的帮助才得以转危为安。家居两处经济十分困难，还需要变卖一些东西才能免强度日。在那些生活十分清苦的日子里，张钰哲仍不断写文呼吁要重视科学研究和普及。

1942 年 12 月 25 日是牛顿诞生三百周年纪念日，张钰哲在重庆《大公报》发表了《纪念牛顿诞生三百周年》的星期论文，论述基础科学的重要。1945 年重庆一家报纸上竟刊登了当时国民党的宣传部长为用八卦能发现太阳系中新行星——木王星的人捧场叫好的文章。张钰哲对这种伪科学的宣传采取了积极战斗的姿态，用笔加以抨击，他在重庆《大公报》1945 年 12 月 16 日上发表了《你知道行星是怎样发现的吗?》长篇星期论文，才把这股歪风压下去。张钰哲能在当时形势下，对高官权贵予以驳斥，为科学仗义执言，实在难能可贵，表现了真正科学家的高尚情操!

1946 年抗战胜利后，天文研究所由昆明凤凰山天文台迁回南京紫金山天文台，张钰哲站在紫金山头看着那被战争破坏了的天文台满目伤痕，不禁为之叹息。怎样来振兴中华的天文事业呢? 首先是修复和治疗战争的创伤，天文台的外表和小型仪器虽然已经恢复旧观，但巨大望远镜破坏严重，一时无力修理。当时中央研究院给他一个出国考查和进修的机会，他认为不如趁机再出国看看这十来年外国天文科学发展的现状，以便确定今后的发展计划。经过与他昔日恩师的几次通信联系，终于获得了叶凯士天文台的同意，欢迎他重返旧地从事天文观测研究。

重返新大陆

1946 年的秋天，张钰哲重返新大陆，又回到了芝加哥的叶凯士天文台，又回到了樊比博教授的身边，又见到了往日的许多朋友，又摸到了他使用过的仪器，使他感到格外亲切。但他又如同梦境一般，他刚刚从抗战流亡八年多的苦难倍尝的中国，来到物资富有灯红酒绿的美国，这个变化太大了，几乎不能适应。但是他是为发展祖国天文事业而来，并不是为了享福和享受，于是他很快就进入工作岗位，又守在望远镜旁度过那天文观测的日日夜夜。17 年前学会的技术很快又发挥出来了，再加上这 17 年来各方面的进步，把天文学的观测技术又大大推前了一步。在美国南方的麦克唐纳天文台是叶凯士天文台的姊妹台，张钰哲利用那里的 2 米反射望远镜进行分光双星的光谱观测。这是一种互相绕转的双星系统，由于非常靠近，即使通过望远镜，肉眼也无法分辨出来，只有利用光谱照相才能了解它们的情况。张钰哲的观测获得成功，在当年的权威性学术刊物《天体物理学杂志》上发表了《大熊座 W 型交食双星的光谱观测》。此外他还发现了一颗新变星。1946 年冬，他应邀参加了在波士顿城召开的美国天文学会年会，在会上宣读了《一颗新的食变星的速度曲线》的论文，并发表在《天体物理学杂志》。

第二次赴美的目的主要是温故知新地去进行天文观测和探索；此外也是对近十几年来美国天文学进展进行考察和了解。当他在 1948 年准备回国的时候，当时的国民党政府却不发给他回程的旅费，这时有人劝他就留在美国工作，甚至把妻儿也接来岂不更好。但他毫不动摇地决心要回到他的祖国。正好在那一年 5 月 9 日有一次日环食能在中国看见，美国全国地理学会将派一个观测队前往中国浙江进行观测。经过他老师樊比博教授的介绍和安排，他成为美国日食观测队的一员才得以回到中国。但是日食那天遇上阴雨，观测没有成功，可是张钰哲总算达到回国的目的。

黎明前的黑暗

1948年3月张钰哲回来了，他是为观测5月9日的日环食而回来的。日食观测和日食科普对张钰哲说来是有历史的。1936年6月19日在前苏联远东地带和日本都能看到日全食。中国首次派队出国观测日食，张钰哲和李珩被派往前苏联伯力，因天气不好未能成功，但经过这次的预演，为他后来1941年的日全食观测取得了经验。1948年的日环食是抗战胜利后的第一次日食，我国东南地区都可看见，也是一次普及科学的好机会，于是在他的学生和挚友李国鼎的协助下，由张钰哲主编的《日环食特辑》在上海出版的4月号的《科学世界》杂志上刊登发表，封面照片就是1941年9月21日抗战时在甘肃临洮拍摄的那张日全食照片，张钰哲看了以后，很感欣慰。但是时隔不久他的欣慰渐渐地消失了。5月9日的阴雨天使日环食的观测完全失败，当然使他扫兴。当他在日环食以后再度登上紫金山天文台时，大望远镜的修复工作仍然没有进展，国民党政府处于崩溃前夕，谁还肯来支持望远镜的修复工作，这使这位身有技巧，心有抱负，不顾一切重返祖国的天文学家一筹莫展，深感英雄无用武之地。10月份，在南京举行全国十科学团体联合年会，张钰哲在天文学会的会议上作了他在美国发现食变星的学术报告，并且在中央大学作了《星空之尘雾》的科普演讲，但是张钰哲的心情是沉重的，因为祖国的前途正像一团尘雾，使他看不清，看不透。科学年会上，张钰哲还是抗战后第一次和科学界的老朋友们欢聚一堂，可是大家谈论的热门话题都是为祖国的前途担忧，都认为国民党反动派发动的这场内战绝不会有好下场，是不得人心的。年会过后不久，中央研究院根据上级指示，命令各研究所都要迁往台湾。张钰哲对观测天上的星星，计算它们的轨道是得心应手的，但是对于处理眼前的局面却束手无策。他想这么多笨重的仪器怎么能搬到台湾去？这样好端端的紫金山天文台能够拆散吗？如果天文台在他手里毁掉岂不成为千古罪人？不，决不能走，能拖就拖，能赖就赖，一定要保住这块天文阵地，保全祖国的天文事业。于是张钰哲和天文研究所的同事们研究应付局面的办法，把一部分图书仪器运往上海，好像是在迁往台湾的样子，实际上就放在上海等待解放。这样就在 1948 年年底，天文研究所的一部分人员和图书就迁到上海，一直拖延不动，于 1949 年 5 月迎来了上海的解放。

刚刚解放不久，陈毅市长就到中央研究院向在上海的科技人员发表了重要讲话。他向科学家们致敬和慰问，说明人民政府是重视科学的，新中国的科学事业一定要有一个大的发展。陈毅市长亲切的讲话，诚恳的态度，使在座的科学家们得到很大的鼓舞，张钰哲也不例外。他是一个最讲实际的人，只要你真正做到了，他就信服了。由于天文科学中有大量的计算工作，过去只有两架手摇计算机还经常出毛病，曾经向美国订购了电动计算机，但迟迟没有到货。解放才两个多月，天文研究所就由人民政府批准买到了高质量的全自动电动计算机，还有收听时号用的高级无线电收报机，这些都使张钰哲受到深刻教育，他对中国共产党和

人民政府都深信不疑了。

紫金山天文台的新生

南京比上海早一个多月解放，紫金山天文台受到很好保护，一点没有损坏，消息传来使迁到上海的人员也非常高兴。上海解放以后，在沪人员就积极准备把搬迁到上海来的图书仪器再搬回去，所有人员都在9月中旬回到南京。十几天以后张钰哲和天文研究所的全体人员在紫金山天文台第一次升起了鲜艳的五星红旗，迎来了中华人民共和国的诞生，也迎来了紫金山天文台的新生。不久中国科学院成立了，原来中央研究院的各研究所统归中科院领导，天文研究所改名为中国科学院紫金山天文台，由周恩来总理任命张钰哲为台长。

当时紫金山天文台最主要的仪器就是口径60厘米的反射望远镜，1934年安装在这里时是东亚最大的望远镜，是德国蔡司光学厂制造的。抗战时期巨大的座架未能运走因此受到严重破坏。解放后积极和民主德国蔡司厂联系，由他们派来专家终于修复了这架望远镜。

新中国成立后不但修复了紫金山天文台的大望远镜，还增添了许多仪器设备，增加了工作人员，它的规模是过去的好多倍，这些都是过去张钰哲所未曾梦想到的。国家还多次派张钰哲出国参加国际天文会议，访问许多国家的天文机构和天文学家，进行国际学术交流。他回顾在旧社会的二十年的种种遭遇，自己的才能无从发挥。但是新中国却为自己的事业开辟了宽广的前途，他的特长得以发挥，他的理想得以实现，因此除了领导全台人员做好工作以外，张钰哲更以身作则，从观测到计算以至于冲洗照片都亲自去做，不论是酷暑还是寒冬都不例外。他在生活上非常俭朴随便，但对待工作却十分严格，给青年人树立了科学工作的榜样。在张钰哲的领导下，经全体人员的努力，使解放前处于奄奄一息的紫金山天文台得到了新生，成为国内外知名的综合性天文台。

探索小行星和彗星的世界

在担任紫金山天文台台长的 30 多年中，天文台的建设和工作得到很大的发展。这个时期也是张钰哲一生中进行天文学研究的最佳时期。20 年代他在美国跟随恩师樊比博所学到的天文观测技术和研究方法，现在才得以充分发挥。在中国老一辈的天文学家中，张钰哲是最勤于观测的人，他在天文望远镜和计算机旁度过了无数个日日夜夜，对祖国的天文事业倾注了无限心血。经过近 40 年的观测和研究，张钰哲开创的对小行星、彗星的探索，取得了丰硕成果。他和他领导的行星研究室共拍摄到小行星、彗星底片 8600 多片，每拍摄一片都要付出相当辛劳。获得有价值的精确位置数据 9300 多个，每一个精确位置和数据也都要付出相当的辛劳。观测到 1000 多颗在小行星表上没有记载的小行星，并计算了它们的轨道。其中有 100 多颗小行星获得了国际永久编号和命名权。在世界上已发现的 5 千多颗小行星当中就有用北京、江苏、上海、台湾、福建等命名的，也有中国古代天文学家张衡、一行、祖冲之、郭守敬和现代天文学家戴文赛、王绶琯的名字。1994 年 9 月，为庆祝紫金山天文台建台 60 周年，特别把 3494 号小行星命名为"紫金山天文台"。这个天文台创建于 1934 年而建台 60 周年是在 1994 年，所以 3494 这个编号就反映出 60 年纪念，实在是一个有趣的巧合。此外还有以紫金山 1 号、2 号和紫金山命名的 3 颗彗星。张钰哲领导下的这些观测和研究，不但在实际观测和轨道计算的精度方面达到了国际先进水平，而且发表了一批有价值的论文，提出了研究天体轨道和长期演变的方法，计算和研究了大量的小行星和彗星的轨道，具有系统性和完整性，对我国天体力学、方位天文学的发展，起了开拓性的作用，因而多次获得国家级奖励和表彰。另外，张钰哲还领导了一批研究人员开展对行星物理和小行星物理的研究工作，也获得了某些进展。

由张钰哲奠定的我国对小行星和彗星的研究基础，在 1994 年 7 月彗星和木星相撞事件中发挥了巨大的作用。紫金山天文台对彗木相撞时间的预报非常精确，走在世界前列。由于这一事件的发生，全世界都向天文学家们提出了这样一个疑问：彗星和小行星是不是也会撞击地球？会不会产生对地球毁灭性的灾难？这个问题的确已经摆上了议事日程，这也显示出张钰哲探索小行星和彗星世界的现实意义和重大贡献。

张钰哲晚年在中国天文学史研究上做出了新的贡献，特别是对中国历史上早期哈雷彗星记录作了分析考证。他认为：经过对哈雷彗星的计算研究，可以确定武王伐纣究竟是哪一年的历史悬案，他认为那很可能是在公元前 1057～1056 年。1978 年他在《天文学报》上发表了《哈雷彗星轨道演变趋势和它的古代历史》的著名论文，引起中外学术界的重视，并在一些外国的书刊中加以报道。

发展中国天文事业

从 1941 年担任天文研究所所长，1950 年天文研究所改名为紫金山天文台，直到 1986 年去世，张钰哲一直担任着中国天文界的主要领导人角色，肩负着历史的使命。他不但从事大量的观测和研究，而且承担着繁重的行政工作、中国天文学会的业务以及广泛的国际学术交流活动。

新中国天文事业的发展，不论在科研、教育、普及等方面，都有张钰哲的心血和功绩。在建立上海天文台、北京天文台、云南天文台、陕西天文台的工作中；在建立南京天文仪器厂（现名南京天文仪器研制中心）以及长春、广州、乌鲁木齐等人造卫星观测站的过程中，都有张钰哲的关心和支持，特别是他把紫金山天文台的许多骨干人才都无私地支援了新建的天文单位。在南京大学天文系和北京师范大学天文系等天文教育事业的发展过程中，他也积极热情支持，50 年代还亲自去南京大学天文系讲课。1954 年，中国科学院和全国科普协会合作筹建北京天文馆，也得到他的大力支持。

在中国天文学会的大量学术活动中，在《天文学报》的创办和编辑工作中，在中国参加国际天文学联合会的事务中，也都有张钰哲的辛劳和影响。

1980年，年近八旬的张钰哲，不辞劳苦，前往青海高原，登上4800米的昆仑山口，为我国后来建立在格尔木的第一台毫米波射电望远镜观测台选址。3年后他又亲自去乌鲁木齐人造卫星观测站看望了那里的工作人员，这个站是根据他的建议于1958年设立的。1984年，他应邀访问美国的几座著名天文机构，而他的恩师樊比博已去世多年，这位国际著名的天文学家，生前曾观测过3万多颗双星和大量的彗星、小行星等，被誉为"天文观测的王子"，他对张钰哲勤于天文观测的一生有着极大的影响。1986年张钰哲本来要求前往澳大利亚观测哈雷彗星并了却他未曾见过南半球星空的夙愿，然而毕竟因他年事过高而未能成行，改派了他的门徒张家祥等前往观测。就在这一年的夏季7月21日，张钰哲竟随哈雷彗星远去，离开了人间。

当我们怀念这位中国现代著名的天文学家时，还应该知道，张钰哲除了上述成就以外，他还是一位著名的科普作家，《天文学论丛》、《宇宙丛谈》、《小行星漫谈》、《哈雷彗星今昔》都是他的科普作品，此外他还撰写了上百篇的科普文章。张钰哲在文学和艺术上也有很深的造诣，精

通书法与金石，这也是很难得的。

为了表示对张钰哲的崇敬，1978 年国际小行星中心宣告将美籍华裔天文学家邵正元在美国哈佛大学天文台 1970 年 10 月 23 日发现的第 2051 号小行星正式命名为"Chang"（张），张钰哲再次为祖国赢得了荣誉。

1990 年 10 月 10 日，纪念张钰哲的邮票一枚在中国发行，这就是祖国人民对她的儿子——为现代中国天文事业贡献了一生的张钰哲的最好纪念。

（李元）

生命奥秘的探索者童第周

　　1977 年 7 月，著名国画大师吴作人为生物学家童第周画了一幅《金鱼图》。画幅上的金鱼却不像普通金鱼那样拖着长长的纱裙似的双尾，而只有一条像鲫鱼那样直峭的单尾。这种金鱼是童第周教授从鲫鱼细胞质里提取信息核糖核酸注入金鱼受精卵的细胞质中而培育出来的一种新种，吴作人因此而把它称作"童鱼"。

　　著名诗人赵朴初在《金鱼图》上题写了一首诗：

　　　　异种何来首尾殊?
　　　　画师笑答是童鱼。
　　　　他年破壁飞腾去，
　　　　驱遣风雷不怪渠。

　　　　变化鱼龙理可知，
　　　　手提造化出神奇。
　　　　十年辛苦凭谁道，
　　　　泄露天机是画师。

　　　　当年二妙索题诗，
　　　　自恨疏慵两载迟。
　　　　今日对图惊盛业，
　　　　知公有以遣悲思。

诗人所说的"盛业",正是指童第周教授倾十年心血所研究的课题:细胞核与细胞质在遗传中的关系。从一定的意义来说,这也是他毕生从事的工作:探索生命的奥秘。在他半个多世纪的学术生涯中,他始终兢兢业业,孜孜以求,目的是要找到一把打开生命现象之门的钥匙,揭示生物发展进化的奥秘所在……

效实中学的插班生

1902年5月28日,童第周出生于浙江鄞县的一个名叫童家墺的山村里。他父亲是一个秀才,在村里办了一家私塾。童第周是家里的第七个孩子。一个私塾先生要养活这么一大家人自是不易。因此,少年时代的童第周不可能到外地去上洋学堂,只能随父亲在村子里的私塾念书。

几年之后,二哥被聘为宁波一所中学的教员,童第周便随二哥来到宁波,进了宁波师范的预科。

他在宁波师范预科只念了一年,便决定要去投考宁波效实中学。

效实中学在当地是一所颇有名气的学校。恰好在这一年,该校不招收新生,只招收少数成绩优秀的学生到三年级插班。

大哥知道了童第周的打算后,急忙加以阻止。他对弟弟说:"效实中学三年级全用英语讲课,你在师范预科学的那么一点英语哪里能够用,不用说你难于考上,即使考上了,你也跟不上班啊!"

童第周告诉大哥,自从他有了投考效实中学的念头以后,他就格外在英语上下了一些功夫。而且,考期在暑假之后,尚有一个假期可以准备功课。因此,他对进入效实中学三年级怀有信心。

大哥见弟弟如此有志气,也就不再阻拦。童第周参加了插班生的考试,果然被录取,只是在录取者的名单中他是倒数第一名罢了。

这个倒数第一的成绩预示着他进校以后会遇到学习上的极大困难。事实正是如此,他的英语还无法达到听课的水平,几何也使他伤透了脑筋，跟在同学的后面跑尚很吃力。

然而，童第周并不气馁。为了使英语和几何成绩能够尽快赶上去，他起早贪黑地苦攻苦读。清晨，他悄悄地起床，迎着东方的曙色，踏着晶莹的露珠，用琅琅读书声打破了校园的寂静；深夜，他陪伴着明月星辰，借着路灯的光亮，独自儿钻研难题，默写单词。

冬季过去了，花儿盛开了，果实成熟了，童第周本就羸弱的身体更为消瘦了，然而他清癯的脸上却绽开了笑容。一年下来，他不仅英语成

绩不再落后，而且数理化成绩都名列前茅，几何还考了 100 分。效实中学的校长说："我办了几十年的学校，像童第周这么刻苦的学生还是头一次见到。"

从大学到兵营

童第周高中毕业时，大哥患病在家。为了照顾大哥的生活，他不得不暂时辍学回家，因而放过了考大学的机会。

第二年，童第周考入上海复旦大学哲学系心理学专业。

那时候，蔡堡教授正在复旦讲授生理学，童第周除了学习心理学有关的课程以外，还选学了蔡堡教授的生理学课。后来，在蔡堡教授的引导和帮助下，他又对胚胎学产生了兴趣，并下功夫作了一番钻研。没想到，这种对胚胎学的兴趣，竟奠定了他一生事业的基础。

1926 年，24 岁的童第周从复旦大学毕业。可在那毕业就是失业的年代，他不能不为自己今后的工作而苦恼。

在百般无奈的情况下，童第周的三哥只好去找自己的一位朋友帮忙，希望为弟弟谋取一份工作。这位朋友认识浙江省民政厅厅长陈布雷，如果通过他向陈布雷说说好话，也许问题便可解决。

这位朋友果然找到了陈布雷："厅长，有位朋友托我办件事，想要麻烦您了。"

"嗯，你说吧。"陈布雷一边翻阅着公文，一边回答。

"有一个青年，叫童第周，是宁波人，最近刚从复旦大学毕业……"

"童第周？"陈布雷放下了手中的公文，抬起头来，没等对方把话说完就插话了，"我认识他。当年我办效实中学的时候，他是那里的学生。"

"您既然认识他，我就不用多介绍了。"那人顺水推舟，接着往下说，"他现在呆在家里，想请您为他找一个工作。"

陈布雷未置可否，不断地用手指敲着自己的脑门，似乎在追忆一个失去了的印象。过了一会儿，他才继续说："我想起来了，这是一个很有志气的年轻人。刚进效实中学的时候，他的功课很差，可是不到一年就赶上来了，成了学校的优等生。"

"对，就是您说的这个年轻人。他现在大学毕业了，工作却还没有着落。"

陈布雷从座位上站了起来，在屋子里来回踱步："噢，工作倒是可以找到，不过只能在军队里供职，地方一时没有合适的职位可以安排。"

"军队也行呀，能有个饭碗就可以。"

"好。"陈布雷果断地回答，"你回去告诉他，我很快就给南昌的司令部写封信，请他们给予安排。"

没过几天，童第周果然接到了军队的来函，将他安排在政治部宣传处。

对于这样一份工作，童第周的心情的确很矛盾。出了大学，走进兵营，可以说根本非其所愿，然而长期赋闲在家又不是办法。思考再三，他仍然不得不把刚从学校拎回来的行李卷又拎到了兵营之中。

当时，由于共产党和国民党联合组成的国民党革命军正在开展以推翻反动军阀统治为目的的北伐战争。1926年10月，北伐军击败了反动军阀的重重防线，攻占了武昌。帝国主义势力见反动军阀抵挡不住革命的发展，便加紧了对中国革命的干涉。担任国民党革命军总司令的蒋介石，是国民党右派的代表。他一方面同帝国主义势力相勾结，一方面在革命军内部制造分裂，排斥共产党人对军队的领导。

就在这种情况下，政治部宣传处的一个少校处长交给童第周一个任务，要他起草一份诋毁共产党人的宣传材料。童第周坚决抵制，遭到了处长的责备。一气之下，童第周脱下了军装，重新回到了鄞县的故乡。他短暂的兵营生活从此便告终结。

两心相知

童第周刚从复旦毕业回到宁波时，一个偶然的机会，在自己的老师家里遇到了宁波女子师范的学生叶毓芬。

叶毓芬出生于一个资产阶级家庭。她的父亲是个商人，在上海开了几家钱庄。她是父亲的第二个妻子生下的唯一的孩子。父亲的前妻已为她留下了两个姐姐和两个哥哥。在她童年时期，父母相继去世，家道中落，哥哥姐姐各奔东西。叶毓芬被姨妈收留，由姨妈继续供她上学。她由于不愿意过于增加姨妈的经济负担，才报考了宁波女子师范。

她在与童第周相识以后，彼此觉得在对待社会、对待人生方面有许多共同语言。及至童第周去了南昌，他们仍有书信往来。

童第周离开兵营以后，二哥为他在桐庐县谋取了一个建设科长的职务，每月薪金三十元。待到发薪的时候，童第周才知道其他科长的薪金比他高出一倍还多。

这显然是桐庐县县长欺他年轻。童第周甚为气愤，一方面给省里的报纸写了一篇《不要看不起年轻人》的文章，一方面又给叶毓芬写信诉说心中的不平。

不久，他收到了叶毓芬的回信。她在信中鼓励他不为30元薪俸而折腰，放弃科长职务，另作图谋。

于是，童第周给当时已在南京中央大学担任生物系主任的蔡堡教授写了一封信，希望这位昔日的老师能为他在大学找到一份工作。

两周以后，蔡教授便回信聘请他到中央大学去当助教。时为1927年春天。

第二年，叶毓芬从宁波女师毕业，怀着政治救国的热情考入了党务学校。可是，人校不久，她便发现那所党务学校是个可诅咒的地方，便毅然离校，想改学自然科学。

童第周得知这一情况以后，便积极帮她联系，终于通过复旦大学的师友为叶毓芬争取到了一个补考的机会，使她得以顺利进入复旦大学生物系。

1930年1月，两心相知的童第周和叶毓芬在宁波举行了婚礼。此后叶毓芬便从复旦转到了中央大学。童第周勤奋任教，叶毓芬刻苦求学。一个和谐美满的家庭组成了。生物学就像一条感情的纽带，把这对年轻的伴侣紧紧地联系在一起。

在勃朗歇尔——道克实验室

1930年8月，童第周在三哥的资助下，来到了比利时的布鲁塞尔。

热情的女房东是一位第二国际的党员。她主动帮助童第周学习法语，然后又介绍他去找比京大学校长、第二国际党员勃朗歇尔教授。

勃朗歇尔实验室在生物学界有很高的威信，这里聚集着来自世界各地的青年学者。

童第周到比京大学的第一天，勃朗歇尔就领着他去参观自己的实验室，并且把他介绍给自己的助手道克。

当时，这个实验室正在进行一项难度极大的实验，需要剥离青蛙卵的卵膜。几年来，实验室的工作人员不知进行了多少次剥离卵膜的尝试，但却总是一剥就碎，一次也没有成功。卵膜的剥离成了实验工作的拦路虎。

第二年春天，勃朗歇尔教授病了，由道克接替实验室的工作。

有一次，道克作青蛙卵膜的剥离手术又未成功，于是对童第周说："童先生，我看你的手很灵巧，你是否愿意试一试这个使人头痛的剥离手术？"

童第周坐到了实验台上一架亮着桔红色灯光的解剖显微镜旁，操起一把尖利的钢镊，把一个青蛙卵钳到玻璃盘中，然后用一根钢针在卵细

胞上轻轻一刺，胀鼓鼓的卵细胞立即松弛下来，变成了扁圆形。然后，他又用两把尖利的钢镊同时夹住卵细胞的中央，均匀地向两边一撕，卵膜立即被剥离得干干净净。整个手术用了不过 5 分钟。

站在童第周身后的道克看到这种灵巧而娴熟的动作，竟情不自禁地抓住童第周的双肩，使劲地摇撼着："中国人了不起，真正了不起！你战胜了上帝，为我们的实验开辟了一条道路！"

实验室的其他人也围了过来，问童第周使用了什么"魔法"。

童第周一边重复着刚才的手术，一边解释说："其实道理很简单，卵内有压力，剥离就很难；只要先在卵膜上刺一个洞，卵内压力就可以降低，剥离手术就容易多了。"

从此，童第周赢得了更多的信任。经道克推荐，他所撰写的一篇关于"定位受精"的论文于 1931 年发表了，并作为博士论文通过了答辩，作者因此而获得了博士学位。

这年夏天，童第周同道克一起来到了法国海滨实验室，做海鞘的研究实验工作。他的才能在这里又一次显露出来。实验进行得很顺利。夏末秋初，他又回到了布鲁塞尔。

就在这时，日本帝国主义在我国东北制造了震惊世界的"九·一八"事变，开始了对东三省的大举入侵。

为了抗议帝国主义的侵略行径，童第周组织中国留学生成立了中国学生总会，印发传单，并到日本驻比利时使馆门前游行示威。

学生们的这一爱国行动受到比利时警察的干涉。警察逮捕了童第周等人，法院并以"扰乱社会治安"的罪名判处被捕学生两年徒刑。幸亏比京大学法律系的教师委托比利时前任司法部长作为律师，为学生们进行法庭辩护，才使童第周等人得以无罪释放。

这次被捕，使童第周大有"天下乌鸦一般黑"的感慨。他找到道克，表述了自己决定回国的愿望。怎奈道克不愿意放走这个颇有才华的学生，一再表示挽留，童第周才不得不再三推迟归期。

东方的战火仍在蔓延。报纸不断传来令人痛心疾首的消息：1932 年，日本侵略者进攻上海，1933 年，侵略者占领了热河和察哈尔的北部，整个华北都在侵略者的觊觎之中……

童第周的心再也无法平静了。他又一次找到道克，申述了自己必须回国的理由。这一次，道克没有加以劝阻。他理解这个年轻人的爱国之心，同意了他回国的请求。

1933 年底，童第周绕道英国，踏上了回国的旅途。

多事之秋

童第周回国后，受聘于山东大学生物系。这所坐落于青岛的大学，具有很好的研究海洋生物的条件，就这一点来说，无疑使童第周和叶毓芬感到满意。

然而，当时的整个社会处于剧烈的动荡之中，日本侵略者已把魔爪伸进了华北，北平的学生发出了"华北之大，已容不下一张课桌了"的愤慨，爱国学生运动风起云涌。

山东大学有几名爱国学生发出了"抵制日货"的倡议。童第周支持学生的行动，带头在倡议书上签了名。后来，那几名学生被校方开除学籍，这使童第周的心灵受到了极大的创伤。爱国竟然有罪，这是他回国前所万万没有料想到的。

有一天，学校附近的一个商人得知童第周的妻子生了一个孩子，便特地来向他推销一辆小童车。那商人知道童第周抵制日货，所以赌咒发誓说这辆童车是国产货，而且价格便宜，只要4块钱。

童第周一看那辆车，立即火冒三丈。他对商人说："你不用自作聪明了，我见过这种童车。它是日本货，你不要以为换个牌子就能骗过我了。"说罢，他立即掏出10块钱来，交给一个学生："你不是准备去北平吗，请你在那里为我买一辆真正是中国制造的童车，运费由我支付。"

过了不到一个月，一辆中国制造的童车果然从北平运抵了青岛。这辆车价钱为7块，加上运费恰好在10块以内。

随着日本帝国主义者的大举入侵，山东大学决定向安徽省安庆市转移。

童第周接到通知以后，安顿好妻子和孩子，便只身奔赴安庆。临行前，叶毓芬仿照欧洲人的习惯，用信封装了一块马蹄铁放在行李箱中，以保佑他一路平安。没想到，这块马蹄铁竟给他招来了麻烦。他刚风尘仆仆地赶到安庆市，即遭到了警察的搜查。警察见他未带任何值钱的东西，感到十分失望，恰在这时，他们发现了那块马蹄铁，便借题发挥，把童第周押到了警察局。

幸好童第周身上还剩下两块大洋。他利用这两块大洋买动了一名警察，替他给山东大学捎了个信。山大接信后，立即派人把他从警察局领了出去。

这以后，山大又从安庆迁移到了武汉。

校方放风说，山大要解散了，理由是办学资金枯竭，养不活那么多师生员工。

童第周感到其中有鬼，就带领师生到银行去查帐，结果发现学校在银行仍有 9 万元存款。于是，童第周又与其他教师一起撰写文章，批驳校方关于"资金枯竭"的谎言。

迫于师生的压力，校方不得不宣布撤销解散山大的决定。

这一个回合的斗争算是胜利了。但当山大由武汉转到长沙，又从长沙转到四川万县后，终于被蒋介石一声令下，好端端的一所大学就消失了。山大最终未逃脱被解散的命运。

童第周失业了，全家被困在四川。

小镇上的奇迹

失业后的童第周经友人介绍，到复旦大学生物系继续任教。

当时的复旦已从上海迁移到了四川重庆附近的北碚。

北碚是一个小镇。暂时安定下来了的童第周产生了从事生物学研究的愿望。可是，生物学是一门实验科学，他连一架显微镜也没有，根本不具备从事研究工作的条件。

有一天，他路过一家商店，发现那里有一架旧显微镜出售，可售价却高达 6 万元。

6 万元，对他这个穷教授来说，无疑是个天文数字。第二天，他再次来到这家商店，见售价已经涨到了 6.5 万元。

自从发现那架显微镜后，童第周就像着了魔似的，每天都要有意无意地转到那里看一看，生怕它被别人所买走。

叶毓芬也为丈夫感到焦急。她计划着卖掉自己的手饰，可钱仍旧差得很远。在无计可施的情况下，她决定向亲戚朋友去借款，以便把那架显微镜搬回家来。从此，他们俩四处奔走，终于凑够了买显微镜的钱。

有了显微镜，科研工作便顺利地开展起来了。高质量的论文，一篇接一篇地从这个小镇寄了出去，引起了国内外生物学界的密切关注。

1943年，英国科学家李约瑟到重庆考察，特地提出要见童第周。

李约瑟到达北碚后，要求参观童第周的实验室。童第周领着李约瑟到几个鱼缸旁边转了一圈，然后来到了那架显微镜前。他对李约瑟说："您刚才见到的一切，就是我的全部家当。"

李约瑟感到吃惊："难道你就是在这样简陋的条件下完成研究工作的吗？"

童第周点了点头。

"奇迹！科学史上的奇迹！"李约瑟赞叹道。

临别的时候，李约瑟又问童第周："布鲁塞尔的实验条件很好，为什么你没有留在那里，而偏要到这里来搞实验呢？"

对于这样的问题，童第周觉得三言两语难以说清。他沉吟了片刻，还是只回答了一句话："因为我是中国人。"

李约瑟懂得这句话的份量。他满意地微笑着，然后竖起了大拇指："中国人有志气！"

小镇上的会晤，给他们两个人都留下了美好的印象。

太阳从东方升起

抗日战争胜利后，山东大学又在青岛复校了。童第周和叶毓芬应聘回到了山大。

1948年春天，童第周受洛克菲勒基金会的邀请，前往美国耶鲁大学从事研究工作。

他人在国外，可却一直关注着国内局势的发展。从美国报刊上透露的情况，他知道解放战争正在节节胜利，新中国已如喷薄欲出的朝阳，即将升起在东方的地平线上。

他按奈不住自己兴奋的心情，决定要回到祖国迎接新的曙光。在国内的朋友写信告诉他，因为他在美国发表过反蒋言论，回来后有被逮捕的危险。

于是，他化名"威乐逊"，在地下党组织的保护下，仍旧在解放前夕回到了青岛。1949 年 6 月，他在青岛亲眼看到了第一面五星红旗升起，亲耳听到了"东方红，太阳升……"的歌声。

在建国初期的那些日子里，童第周与山大的师生们一起紧张地从事学校的恢复工作。白天，他忙忙碌碌，生活中充满了无限欢乐。晚上，他回到家里，却不免想到一些忧虑的事情，其中最大的一件事就是在四川因购买显微镜欠下的那笔债务。随着时光的流逝，这笔拖欠数年的债务终于成了他心中的一个沉重的包袱。

有一天，他刚去上班，系里的党总支书记就交给他一张汇款单。对于这张来自北京的汇款单，童第周感到莫名其妙。他不能接受，要求总支书记原封不动地退回。

下午，总支书记又拿来了那张汇款单，并且告诉童第周，这笔钱是中央寄给他偿还欠债的。

童第周还是拒绝接受。他说："我已经拿了国家的薪俸了，怎么还能让国家来为我还账呢！"

晚上，系总支书记又同校党委书记一起来到他家，一定要说服他接受这笔汇款。

童第周和叶毓芬都感到不好推让，只好接过了汇款单。此时此刻，他俩的眼角上都滚动着晶莹的泪珠……

从青岛到北京

解放以后，童第周被任命为山东大学副校长。在担负着繁重的行政工作的情况下，他仍然念念不忘科学研究。早年，他曾在鱼类和两栖类动物的卵子发育能力研究中做了大量工作，从 50 年代开始，他又利用山东大学濒临大海之便，开始研究海洋生物文昌鱼的卵子发育规律。文昌鱼是无脊椎动物向脊椎动物过渡链条中的重要一环，童第周在这个方面的研究成果，为国际科学界提供了系统的资料。

从事基础理论研究的童第周，同时十分关注生产建设中的实际问题。他在思考着一个根治海洋蛆虫的计划。这种蛆虫附生在船体上，蛀蚀木头，在船体上"咬"出一个个小洞，严重影响了渔业生产。当然，这样的课题还有很多，丰富的海洋资源需要生物工作者去开发，许多海洋生物的奥秘还有待生物工作者去探索。

童第周感到，解决这些问题，需要依靠集体的智慧和力量，需要有一个专门的科研机构。于是，他给中国科学院郭沫若院长和竺可桢副院长写了一个报告，建议成立中国科学院水生生物研究所青岛海洋研究室。

回函很快收到了。科学院采纳了他的建议，并指定他和曾呈奎教授着手青岛海洋研究室的组建工作。从此，童第周更加忙碌了。他或埋头于研究室内，或奔走于黄海之滨，为寻求根治蛆虫的办法，为研究海洋生物的生态和分类，耗尽了自己的全部精力。

1955年，童第周当选为中国科学院学部委员，并担任了生物地学部副主任。

不久，童第周从青岛调到了北京，到中国科学院动物研究所从事科研工作。

那时，中国、前苏联、朝鲜、越南四国渔业会议正在北京召开。一天夜里，周恩来总理突然派人把童第周接到了自己的办公室。童第周进门以后，听见周总理正在批评渔业会议的秘书长陈康白："你自己不懂，又不向专家请教，这样搞怎么行呢?"见童第周进来，总理立即招呼他坐下，然后转过脸对陈康白说："你看，专家来了，我们还是听听专家的意见吧!"

接着，总理又详细询问了童第周对渔业规划的看法。

在总理面前，童第周觉得毫无拘束，就直率地发表了自己的见解："我没有参加渔业会议，不大了解情况，但听说前苏联的'勇士'号要调查我国沿海一带海域。这倒是一件值得认真对待的事情。我国的海域，日本人已经调查了很久，只剩下渤海湾没有调查清楚，前苏联是否有必要继续调查呢？我认为，在同国外的合作中，要特别注意保护自己的领海主权。"

周总理认真地听着，不断地点头表示赞许。

第二年在前苏联召开渔业会议时，童第周便担任了会议秘书长。

"童鱼"的诞生

童第周的一生，都在致力于胚胎学的研究。到中国科学院动物研究所以后，他在这方面的探索更是不断深入。

在生物遗传学和胚胎学领域，美国科学家摩尔根所建立的染色体学说，具有不可动摇的权威性地位。这位现代实验生物学的奠基者，借对果蝇的实验研究，建立起了遗传学体系，成了一名享誉世界的人物。

童第周十分尊重这位鼎鼎大名的学者和他对生物遗传学的杰出贡献，但也有一个问题使他长期得不到解答：摩尔根的染色体学说认为，世界上千差万别的生物，在传宗接代的家谱中所以能保持子孙相传的遗传性状，主要是通过染色体的化学成分来控制的。指导细胞一切生命过程的指令，都是从细胞核发出的，细胞质唯有接受细胞核的控制，而不可能在遗传中有所作为。

情况究竟是不是这样呢？唯有通过实验研究来加以回答。

童第周把自己的想法告诉了叶毓芬。叶毓芬为这一大胆的想法所激动，决心全力协助他的工作。一批年轻的助手也来到了童第周的身边，大家组成了一个同心协力的研究班子。他们以金鱼和鳑鲏鱼为研究对象，开始了一项前所未有的实验。

冬去春来，"文化大革命"的风雨已搅得整个社会动荡不安，而童第周的实验室却像一个风雨不至的"死角"。这里的一切工作在有条不紊地进行。金鱼和鳑鲏鱼在进行了卵细胞核的移植以后，终于诞生了新的后

代。他们惊异地发现，由去核的金鱼卵细胞和鳑鲏鱼囊胚细胞核配合所产生的胚胎，既有鳑鲏鱼的特性，也有介乎两者之间的特性；而去核的鳑鲏鱼卵细胞和金鱼囊胚细胞核配合所产生的胚胎，外形为鳑鲏鱼性状。

这一初步的实验结果证明：生物性状的遗传，并不完全决定于细胞核，细胞质也表现了它主动的、积极的作用。

童第周的成果引起了世界生物学界的关注。1972年，美籍华裔学者、美国费城坦普尔大学生物系教授牛满江来华探亲，特地参观了童第周的实验室。他回到美国以后，即在1973年1月1日给童第周写信，提出了进行合作研究的愿望。这以后，童第周和牛满江共同进行的以金鱼和鲫鱼作为研究对象的实验，便在北京的中关村展开了。

这样的实验，需要科学家周密、审慎的科学头脑，需要比钟表工人更精细的操作技术。年逾七旬的童第周教授，往往从清晨6点观察金鱼排卵开始，一直要工作到下午一两点钟，一口气干上七八个小时。匆匆吃过带到实验室来的午饭以后，他伸展一下发麻了的手脚和变得僵硬了的腰背，接下去又是一场紧张的操作。黄昏降临了，灯光代替了日光，实验仍在进行之中。特别是制备核糖核酸的实验，需要保持摄氏4度的恒温，童老和他的助手们不得不穿着棉衣坚守在自己的岗位上。这与其说是一项科研工作，不如说是一场意志和体力的拼搏！

　　辛勤而富有创造性的工作，终于取得了令人振奋的成果：他们把从鲫鱼的卵细胞质里提起的信息核糖核酸，注射到金鱼的受精卵细胞质里，结果得到了一种性状有着明显变异的鱼种。这种鱼虽然有着金鱼那样肥大的头部和丰满的躯干，浑身也披着金光闪闪的鳞片，但却脱去了金鱼那条雍雅华丽的纱裙，换上了像鲫鱼那样直峭利落的单尾。在他们用这种方法培育出来的 320 条幼鱼中，有 106 条出现了单尾的性状，占 33.1%。这证明核糖核酸对生物的遗传发育产生了明显的影响。

　　画家吴作人把这种鱼称之为"童鱼"，并作《金鱼图》以祝贺。

不懈的追求

　　"童鱼"的诞生，并未使童第周停止新的探索。他和牛满江决定把实验研究推进到不同"属"的动物中去。他们从鲤鱼卵细胞质中提取核糖核酸，注入到金鱼的受精卵中去，结果发现有 22.3％ 的子代金鱼由双尾变成单尾，出现了鲤鱼的性状。而在未注射核糖核酸的对照组中，只有 5.7％ 为单尾。这似乎进一步证明，即使在不同"属"的动物之间，核糖核酸对于遗传发育也有诱导作用。

　　1976 年，童第周和牛满江的实验又有了新的进展。他们以蝾螈（两栖动物）和金鱼这两种不同"纲"的动物作为实验对象，进一步研究脱氧核糖核酸对于更远源的动物的遗传发育的诱导作用。他们把从蝾螈卵细胞质中提取的脱氧核糖核酸，注射到金鱼的受精卵细胞质内，结果发现在 382 条小鱼中，有 4 条像蝾螈一样，长出了平衡器。这就证明，高级的两栖类蝾螈的脱氧核糖核酸，也会影响低等的鱼类的遗传性状。

　　就在这一年，党和人民取得了具有伟大历史意义的十月胜利，十年动乱宣告了结束，科学的春天带着勃勃生机，来到了大地，来到了人们心头。童老的眼前出现了满目青山。他无限感慨地说："我年纪老了，却

赶上了个好时代，更要抓紧工作，抓紧学习，要在有生之年为国家和人民多做一点事情。"

这以后，他虽然担任了全国政协副主席和中国科学院副院长等社会职务，而且脑血管和心脏都出现了明显的病症，仍旧日夜思考着科研工作。他制定了一个短期和一个较长时期的科研规划，还打算在牛满江教授的支持和协助下，在我国建立一个世界一流的生物研究中心。

为了推动全国的科研工作，他还多次到天津、广州、上海、南宁、武汉、杭州等地去作学术报告。

1979年2月，童老来到了上海。3月1日，他刚同华东师大生物系的教师们进行了座谈，第二天又急忙赶到杭州去讲学。

3月6日上午，他给浙江省的科技、教育、卫生系统的两千多名干部和科技人员作关于加速科技发展的报告，突然一阵眩晕，倒在了讲台上。

大家急忙将他扶起来，送回了西子湖畔的宾馆。人们到这里来慰问和看望他。童老好像完全忘记了自己的病痛，兴奋地对大家说："现在已经春暖花开，是鱼类产卵的季节，我们的忙季又到了。我要马上回到北京去。"

可是，人们万万没有想到，童老回到北京不久，新华社就播发了他离开人世的噩耗。科学界的一颗灿烂的明星，就这样在辛劳忙碌中陨灭了。时间为1979年3月30日。

自学成才的数学家华罗庚

　　1985 年 6 月 3 日，我国著名数学家、全国政协副主席华罗庚应日本亚洲交流协会的邀请，踏上了飞往东京的旅途。他的同事和亲友怀着兴奋的心情在首都机场一一同他握手告别，衷心祝愿这位 74 岁的老学者一路平安。可是，谁也没有料到，十天之后，人们同样在首都机场迎来的却是他的骨灰。

　　6 月 21 日，华罗庚的骨灰安放仪式在北京八宝山革命公墓礼堂举行。有首挽诗这样描述了他为事业战斗到最后一息的壮烈事迹：将军死在战场，学者死在书房，可敬的您耗尽一腔心血，光荣地死在科学讲坛的岗位上……

　　华罗庚因心脏病而猝死，使他的同事和亲友，使全国人民，都感到异常震惊和悲痛，而对于他自己，却又似乎是在意料之中的事情。自1975 年以来，他的心脏病曾多次发作。这使他预感到有效的工作时间已经不会太多，因而更加争分夺秒，以忘我的精神为四化建设发挥着自己的光和热。他不止一次地对亲属和同事们说过："与其死在病床上，宁可死在岗位上。"他还常常以"青山处处埋忠骨，何必马革裹尸还"的诗句来勉励自己，表现了面对死亡的坦荡心怀。就在他去世前一个多月，有一位香港记者在全国政协会议期间问他："你最大的希望是什么？"他不加思索地回答："我最大的希望是工作到我生命的最后一天。"

　　人们惊叹这"最后一天"来得太快，来得太突然！他虽然年逾古稀，可工作热情却仍处于顶峰时期。他一生以顽强的毅力战胜了无数的坎坷，可不该在科学的春天来到祖国大地的时候反而倒下；他终日以"四化作尖兵"自励，可不该在"四化"最需要他的时候骤然离世……

人们敬仰他，怀念他，从他的奋斗精神中受到鼓舞和激励，从他走过的道路中得到教育和启迪……

迟到的孩子

清朝末年，江苏省金坛镇有个三口之家。夫妇二人加上一个名叫莲青的女儿，靠着一爿名叫"乾生泰"的小杂货铺为生，生活虽然能够勉强维持，却总有一件叫人遗憾的事情。杂货铺的男主人叫华老祥，年过四十，切盼有一个儿子，可这个儿子却迟迟不来。

1910 年，华老祥的妻子怀孕了，这给全家带来了新的希望。这年的11 月 12 日，华老祥挑了一担箩筐出外收购蚕茧、土麻，夜里回到家中的时候，他终于听到了男婴的啼哭。华老祥喜不自禁，连箩筐也未及放下，就直奔妻子的产房。他抱起襁褓中的孩子看了又看，然后灵机一动，把孩子放进一只箩筐中，又把另一只箩筐反扣在上面，喃喃自语道："进箩避邪，同庚百岁。"

华罗庚的名字就这样产生了。可是，孩子的父母，金坛镇的邻居，谁也没有想到，这个华罗庚竟是几十年后蜚声国内外的大数学家。

的确，童年时候的华罗庚一点儿也没有表现出数学方面的天才来。他不仅喜欢玩闹，而且是一个社戏迷。只要得知哪儿有社戏，无论白天还是夜晚，他总要去看，戏不收台不退场。

华罗庚上小学了，贪玩的毛病没有丝毫改变。算术成绩常常在及格与不及格之间摆动，语文成绩却以不及格居多。就凭他那种不认真练字的态度和那手歪歪扭扭的字体，语文老师就十分头痛，难以给他一个好成绩。

小学毕业后，华罗庚进入了金坛县立初级中学，成绩仍就没有什么改观。老师们最不愿意批改他的作业本和试卷，因为那潦乱的字迹，加上任意的涂改，往往使老师感到格外费劲。

这个时候的华罗庚，离科学的大门还远着呢！他还只是金坛镇上一个普通得不能再普通的孩子，一个被视为难有多少出息的顽童。

王维克的慧眼

第一个从他的作业本上那荒乱的杂草般的字迹中找到新苗的，是一个名叫王维克的年轻教师。

那是 1923 年，王维克从大学毕业，来到金坛县初中当教员。当时正在上初二的华罗庚的数学课，就是由王维克任教。在批改华罗庚的作业时，王维克老师以极大的耐心，仔细辨认了那作业的涂改情况。他终于发现，那凌乱的涂改正说明了华罗庚对习题的分析思考过程。透过那思考的轨迹，不仅可以看出华罗庚对数学的浓厚兴趣，还可以察觉他那不拘泥于老师的解法而力求创新的可贵品格。

有一次，几位老师在办公室里议论起学生来。一位语文老师感慨道："好学生都到省城里念书去了，剩下的这些学生都是笨蛋。"

"不见得吧。"王维克不同意这一看法，"华罗庚就很聪明。"

听到有人说华罗庚聪明，另一位语文老师就愤愤不平地插言道："哼，华罗庚！就凭他那手像蟹爬一样的字，还有什么聪明可言！"

王维克说："当然啰，华罗庚的字确实写得不好，将来成为书法家的可能性很小，但他在数学方面却很有天赋，很有培养前途。"

两位语文老师异口同声地问道："何以见得？"

王维克解释说："起初我也有类似你们的看法，认为华罗庚写字不认真，作业乱涂乱改。可是，后来我却发现许多涂改的地方，正反映了他解题时探索的多种路子，这说明他思维敏捷，肯动脑筋。这样的孩子能说没有前途吗？"

两位语文老师面面相觑，无言以对。

果然，在王维克老师的热情鼓励和耐心帮助下，华罗庚对数学的兴趣越来越浓了，成绩也一天比一天好了起来。

在一次数学课上，王维克给学生们讲《孙子算经》。他说，中国古代有一个剩余定理："今有物不知其数，三三数之剩二，五五数之剩三，七七数之剩二，问物之几何？"

老师的话音刚落，华罗庚立即说出了答案："此物之数是二十三。"

王老师有些吃惊，问道："你看过《孙子算经》吗？"

"没有。"

"那么，你是怎么算出来的呢？"

华罗庚回答说："我是这样想的：三三数之剩二，七七数之剩二，余数都是二，这道题的答案便可能是三乘七加二，也就是二十三。二十三除以五，恰好余三，这就是五五数之剩三，说明二十三是正确的答案。"

王维克老师终于又一次看到了华罗庚的聪明。从此，他更加器重这个得意门生，不仅常常给他单独授课，还把自己家里的藏书借给他看。

有一次，王老师借给他一本 50 多页的《微积分》，可是不到十天，华罗庚就把书还回来了。

王老师怀疑华罗庚没有认真阅读，于是严肃地对他说："数学这门功课，是最有步骤的，必须循序渐进，你可不能跳着看啊。"

华罗庚说自己真的读完了。王老师仍旧不信，便当场提了几个问题叫他回答，没想到华罗庚都对答如流，而且还指出了书中几处印刷上的错误。

又有一次，华罗庚给王老师送来了一篇他所撰写的《福尔玛最后定理》的论文。王老师看后，却生起气来了。他毫不客气地指出："你的证明所依据的公理似是而非，所以不能成立。"他接着说："福尔玛这位法国大数学家所提出的定理，要得到最后证明，决不是一件轻而易举的事。你演算的福尔玛最后定理，已使 17 世纪以来的许多数学家绞尽了脑汁，可至今仍未得到解决。"

华罗庚知道自己的行为过于轻率，惭愧地低下了头。

王老师这才转换了一种缓和的语调，鼓励说："德国数学家希尔伯特生前最后一次参加国际数学会议时，也给人们留下了23道数学难题。这都是一些极难敲开的'锁'。我希望你不要急于求成，也不要灰心，要用智慧和汗水去铸造'钥匙'，争取将来打开这些'锁'。"

王维克老师这些既严肃又热情的教导，使华罗庚的心里充满了一种热乎乎的感觉。从此，他学习上更加踏实和刻苦了。他决心按照王老师的教导，用智慧和汗水去铸造一把"金钥匙"，以打开数学领域的那些难开的"锁"。

"罗呆子"念"天书"

华罗庚临近初中毕业的时候，王维克老师就去法国留学了，可是，他那由王老师培育起来的对于数学的兴趣和钻研精神却从来也没有衰退过。

1925年，刚满15岁的华罗庚拿到了初中毕业证书。他本来希望能继续念高中，可父亲的那间杂货铺支付不了他上学的费用。为了将来能谋个固定的职业，他只好赴上海去投考费用较少的中华职业学校。

这所学校是由黄炎培先生开办的，每个学期的膳费和学费只需50块银元。华罗庚是清贫学生，申请免交了学费，自己只要交膳费即可。在这里，他苦攻苦读了一年半，再有半年就可以毕业了。可就在这时，罗掘俱穷的家中连膳费也拿不出来了，华罗庚不得不退学回家，终至前功尽弃。

没有毕业证书，职业自然不好找，他只能在家里帮助父亲经营那个自己的小店。可是，他无法抛弃数学，还要去铸造那把开"锁"的"钥匙"。他一面在小店里干活、记账，一面继续自学数学。

小店的柜台上，总是一边摆着算盘和账簿，一边摆着数学书和纸笔。

顾客来了，他连忙上去招呼；顾客一走，他就自己看书和演算习题。好在店里生意较冷清，每天并无多少顾客光顾，致使他有大量的自学时间。有时候，他看书着了迷，以致顾客来到柜台前还未发觉，弄得顾客不甚满意。对此，父亲极为生气，每次发现这种情况，总要把他的书夺过来扔到地上，并且责备说："成天抱着这种'天书'，难道它能当饭吃不成！"这类事多了，父子之间的关系大受影响，若不是母亲常常出来打圆场，父亲几乎要把他的那些"天书"烧掉。

连街坊邻居们也对华罗庚如此迷恋那些"天书"表示不可理解。有的街坊来到小店买东西，常常发现他说话语无伦次，或答非所问，甚至把算题的结果当作顾客应付的贷款，使人大吃一惊。这类笑话在大人小孩之间流传，大家给他起了个绰号，叫他"罗呆子"。

出乎人们意外的是，这个"罗子呆"并非真呆。有一天，华老祥带着华罗庚到一个茧场帮老板盘点蚕茧。茧场设在一座庙里，白花花的蚕茧堆了满满一屋子。父亲掌秤，儿子监秤，小伙计们则从东边厢房把一袋袋蚕茧扛出来过秤，然后扛到西边厢房码起来。

父子俩和伙计们整整忙碌了一天又加大半夜，才算把那如山的蚕茧盘点完。工作刚一结束，又累又困的华罗庚竟靠着神柜睡着了。

一股浓烟把他呛醒了。他睁眼一看，见香炉中正浓烟缭绕，茧场老板、华老祥和伙计们都跪在神柜前，向着神像磕头。

"出什么事了？"华罗庚贴近父亲问道。

父亲满脸愁容地告诉他："我们这一天一夜算是白辛苦了，两本账对不上，差上千块钱呀！"

华罗庚明白了，原来他们是因为账目出了差错而求狐仙保佑呢。

这时，老板催大家去吃饭，准备吃过饭后再算账。

"把账本给我，我来算算看。"华罗庚对老板说。华老祥虽然不相信儿子有这个本领，却也没有阻拦。

待老板和华老祥等人吃过夜饭回来时，华罗庚已轻松地合上了账本。他把算盘往前一推，对老板说："账货全对，一文不差。"

大家如释重负，喜笑颜开。老板拍着华罗庚的肩膀说："没想到'罗呆子'还是把活算盘啊，往后有这种事还要请你帮忙呀。"

这时最高兴的还是华老祥。他想，那些"天书"总算没有白念。

不幸中的幸运

1929 年 8 月，王维克由法国巴黎大学学成归国，被任命为金坛初中的校长。

当他得知华罗庚辍学在家以后，便立即把他请到学校来当庶务员（即会计），月薪 18 元。第二年，华罗庚又被聘任为初中一年级补习班的数学教员。没料到，王维克对华罗庚的重用竟引起了一些人的妒忌。这些人联合起来，到文教局告状，说王维克"任用私人、不合格教员华罗庚"。王维克恼怒，愤然辞校长不干。

就在华罗庚担任庶务员的时候，金坛县已开始流行瘟疫。1929 年旧历腊月 24 日，华罗庚染上了伤寒，卧病在床。年迈的父母和年轻的妻子尽其所有为他治病，妻子吴筱元把结婚时仅有的一点首饰也变卖了，可病情仍旧不见好转。

到了 1930 年端午节，华罗庚却奇迹般地从床上站起来了。可是，这次生病的后遗症——左腿胯关节骨膜粘连——却缠绕了他整个后半生。他走路瘸了，可仍然要去谋求生路。所幸的是，新任的金坛初中校长韩大受仍坚持聘用他为庶务员，只是不担任补习班数学教员了。

病后的华罗庚更是如醉如狂地研究数学。他渴望用健全的头脑来弥补身体的缺陷，成为一个有真才实学的人。在后来谈起这一段经历时，他说："当时我别无选择，学别的东西要到处跑，或者要设备条件。我选中数学，是因为它只需一支笔，一张纸——道具简单！"

华罗庚一边自学，一边钻研，其专心致志的程度简直叫人难以置信。有一次，他在房里演算习题，以致孩子从床上摔下来，磕破了下巴，他竟没有发觉；孩子放声大哭，他也全然没有听到。直到妻子听到孩子的哭声，才赶过来将孩子抱起来。

华罗庚也常常把自己研究的数学问题写成论文，寄给各种专业杂志。然而，他却经常收到退稿信。退稿原因多为他所研究的问题，已为国外一些数学家所解决。这类退稿信不仅没有使华罗庚气馁，反而使他充满了自信，因为他在撰写论文的时候，并未见过国外科学家这方面的文章。

有一次，他在算题时，无意中发现苏家驹关于五次代数方程求解的论文计算有误，错误出在十二阶行列式的计算上。于是，他写了一篇题为《苏家驹之代数的五次方程式不能成立的理由》的论文，寄到了上海颇具权威的《科学》杂志社。这家杂志在 1930 年第 2 期上发表了这篇论文。

事有凑巧，远在北平的清华大学数学系主任熊庆来教授在翻阅《科学》杂志时，发现了这篇论文，不禁吃了一惊：华罗庚是哪个大学的教授？他竟敢批评数学权威苏家驹教授，可见确有真才实学，可自己怎么就没有听说过华罗庚这个名字呢？

于是，他向同事们打听，大家也都说不知道。后来，还是清华大学一位名叫唐培经的教员解开了这个谜。唐培经也是江苏金坛人，并且一度当过金坛初中的校长。他认识华罗庚，可却不知道那个华罗庚是否就是写论文的这个华罗庚，因为那个华罗庚并不是什么教授，而只是金坛初中的一名庶务员。

熊庆来教授得到这一线索后，又让唐培经进一步打听清楚。他还对唐培经说："如果真的是他，就请你给他写封信，问他愿不愿意到清华大学数学系来工作。"

1931年夏天，唐培经的信到达了华罗庚的手中。得知要去清华工作的消息，全家人都喜出望外。华罗庚更是激动得流下了眼泪。近一年多以来，他经历了病残的痛苦，又经历了母亲去世的打击，可没想到在灾难之后竟有如此的幸运，真是"祸兮福所倚，福兮祸所伏"啊！

从清华到剑桥

1931年初秋，华罗庚架着拐棍来到了清华。熊庆来教授本想安排他当助教，但当助教必须有大学毕业的资格，而华罗庚却只有一张初中毕业文凭。没奈何，熊教授只好让华罗庚作了数学系的助理员，月薪为40元。

所谓的助理员，实际上就是干杂务，例如打字，领文具，抄材料，收发信函，保管图书资料等等。华罗庚一方面把这些工作干得井井有条，一方面参加旁听数学系的课程。

仅仅用了一年半时间，他就攻读完了数学系的全部功课，而他解决实际问题的能力，早就大大超过了一般的大学毕业生。他一次给国外寄了三篇论文，结果全部被国外刊物所采用。但是，华罗庚仍旧拿不到大学文凭，因为他连高中文凭也没有，注定他不能取得大学毕业资格。

为了更多地阅读数学文献和更好地听取有关学术报告，华罗庚还刻苦地攻读外文，仅用了四年时间，他就能够阅读英文、德文和法文文献，而且还可以直接用外文撰写论文。他用外文写成的数学论文，先后在日本、印度、美国、英国等科学刊物上发表，使这位年仅 25 岁的青年学者开始在国内外科学界崭露头角。

虽然而此，华罗庚的职务晋升仍存在着难于逾越的障碍，唯一的原因就是因为他没有相应的学历。

为了解决这个问题，清华大学理学院院长叶企荪教授不得不专门召集了一次教授讨论会。会上，两种意见针锋相对：一种意见认为，如果提拔了华罗庚，会有损清华大学的声望；另一种意见认为，华罗庚具有真才实学，理应提拔重用。叶企荪在听取了这两种意见后，最后还是果断地作出决定："清华出了个华罗庚是好事，我们不能被资格所限制。"在他的直接干预下，华罗庚终于被从助理员提拔为助教，以后又被提升为讲师。

1936 年夏天，也就是华罗庚来到清华的第六年，他又被清华派往英国剑桥大学深造。

华罗庚来到剑桥时，举世闻名的数学大师哈代正离英赴美。他得知华罗庚将要到来，就在临行前留下了一纸赠言，希望他在"两年之内获得博士学位"。获剑桥的博士学位，至少需要 3 年时间，哈代给出了两年的年限，可见已对华罗庚另眼相待了。然而，华罗庚却回答说："我不想获博士学位，我只要求做一个访问者。"

剑桥大学有一个由世界著名数学家组成的数论小组，其中包括英国的哈罗尔德、达凡波特、李特伍德和德国的埃斯特曼、汉斯·海尔勃洛恩等人。华罗庚就在这个小组工作。他的主攻方向是堆垒素数论。在这个由国际数学界的精英组成的小组里，华罗庚一方面密切注视着欧洲的数学动态，一方面与大家共同切磋，攻克数学难关。在近两年的时间内，他就华林问题、他利问题、哥德巴赫问题等，共写了 18 篇论文，分别发表在英、苏、德、法和印度等国的数学杂志上。他用智慧和汗水铸成的"钥匙"，终于打开了数学上一把又一把难开的"锁"。尤其是他撰写的《论高斯的完整三角和估计问题》的论文和对塔内问题的研究成果，更是被国际数学界公认为"华氏定理"。

华罗庚被认为是"剑桥的光荣"。他关于塔内问题的研究成果被哈代看到以后，这位以研究塔内问题而著称的学者兴奋地说："太好了，我的著作把它（指塔内问题）写成是无法改进的，这回我的著作非改不可了！"

西南联大的教授

正当华罗庚在向数学高峰挺进的时候，日本帝国主义发动侵华战争的消息传到了英国。祖国面临危难，他再也不能平静地从事科研工作了。

1938 年，华罗庚取道伦敦，途经香港，回到了祖国。

那时，祖国的半壁河山已经沦于日寇的铁蹄之下。北平的清华大学、北京大学等已搬迁到了昆明，共同组成了西南联合大学。

28 岁的华罗庚被西南联大破格聘任为教授。逃难在江西吉安的妻子吴筱元便带着儿女们一起来到了昆明，全家得以团圆。

开始，他们住在离联大较近的青云街，后为了躲避日本飞机的轰炸，不得不搬迁到昆明郊外的黄土坡村。

这里虽然离城有五里路远，可仍旧不时遭到日机的轰炸。有一次，华罗庚在闵嗣鹤教授家的防空洞里谈数学，突然空袭来临，一串炸弹沿山谷倾泻下来，闵教授的防空洞被溅起的黄土所掩埋。幸亏洞中有一人在听到炸弹声时伸手抱住了头，没有被完全埋到土中。他急忙从闵教授的防空洞中把华罗庚等人一个个扒拉出来，才使他们幸免于难。

这以后，华罗庚不得不又搬迁到了离城更远的大塘子村居住。赢得了稍微的安静后，华罗庚便开始了紧张的研究工作。这种情况下所谓的"安静"，也只不过是相对于日本飞机的轰炸而言的。在大塘子山村，飞机是不来了，可他们全家七口人挤在两间小房子里，房子的下边则是一个牲口圈，牛、马、猪养在一起，煞是闹腾，不是牛在柱子上蹭痒，便是马踩在了猪身上，使得作为它们"邻居"的华罗庚教授难于集中精力。夜间，没有电灯，华罗庚只好在一盏用香烟筒做成的油灯下看书和写作，经常要工作到深夜。

生活上的清贫更是难以细说。当时物价飞涨，教授那点少得可怜的工资已不够全家人吃饱肚子，常常面临着无米下锅的困境。吴筱元见丈夫工作太辛苦，健康状况日益下降，下决心要给他补点营养：每天给他蒸两个鸡蛋。但每当鸡蛋做好以后，他总是把孩子们叫到一起来，嘴里一边说着"一人一块"，手里则用筷子把一块块鸡蛋挟了送到孩子们的口中。1944年，当吴筱元生第四个孩子的时候，家里甚至无钱送她去医院。孩子在家中降生后，华罗庚为他取名为华光，一个意思是说钱都花光了，一个意思是盼望中华重光。

共同的爱国仇敌的感情，使华罗庚与闻一多建立了深厚的友谊。闻一多见华罗庚居室拥挤，就把他全家接到自己家中居住，两家的住室相通，中间只用一块布帘隔开。对此，华罗庚曾在一首诗中写道："挂布分屋共容膝，岂止两家共坎坷。布东考古布西算，专业不同心同仇。"闻一多还赠送华罗庚一枚名章，上面刻有几行小字："顽石一方，一多所凿。奉赠教授，领薪立约。不算寒伧，也不阔绰。陋于牙章，雅于木戳。若在战前，不值两角。"

就在这样艰苦的环境中，华罗庚从未中断过教学和研究工作。他说："人们都说音乐美，我觉得数学比音乐美得多。"正是这种只有他才体会得到的美感，使他整天整夜地沉浸在数字与符号之中。从1940年到1943年，他写成了20多篇数学论文。他的名著《堆垒素数论》，也是在这期间脱稿的。这部长达数十万字的经典之作，不仅"堆垒"了这位年轻教授的心血和智慧，也"堆垒"了他强烈爱国热忱和与恶劣环境抗争的顽强意志。

"梁园虽好，非久居之地"

1946 年，华罗庚与西南联大的李政道、朱光亚、唐敖庆等几位教授，应邀前往美国。

在美国，华罗庚先后担任普林斯顿大学的客座讲师、伊利诺大学的数学教授。此后，他的妻子吴筱元和几个孩子也一同来到了美国，只把大女儿华顺一人留在国内。

在伊利诺大学，他获得了优裕的生活和工作条件。一家人住在一幢小洋房里，出门有小汽车。伊利诺给了他终身聘约，年薪为 1 万美元，还为他请了 4 名助教。

在这种环境中，他的研究工作也由数论扩大到复变函数论、自守函数和矩阵几何的范围，并且取得了许多重要成果。

在美国，华罗庚也领略了世态的炎凉。他深深感到，由于祖国的贫弱，华人在外处处受人歧视。这更增强了他为祖国繁荣富强而奋斗的决心。

1949 年的一天，华罗庚从办公室回家，一进门便向妻子喊道："筱元，快把酒拿来，今天吃饭要喝酒。"

妻子莫名其妙，问道："什么事使你这样高兴？"

"华顺来信说，祖国解放了，叫我们快回去。"

此时，华罗庚正在写作《解析数论》，再等半年，此书即可写成。可为了尽快返回祖国，他只好把写作任务交给了自己的助教。

1950 年 1 月 27 日，华罗庚一家抛弃了在美国的一切优越条件，离开了伊利诺州阿尔巴那城，踏上了归国的旅途。

3 月，他们途经香港，在那里作短时间停留。华罗庚无心外出游览，也无心访亲探友。他把自己关在旅馆里，起草着《给留美同学的一封公开信》。

1950 年 3 月 11 日，新华通讯社向全世界播发这封信。他在信中写道：

"朋友们，不一一道别，我先诸位而回去了。

"朋友们！梁园虽好，非久居之地，归去来兮！……为了抉择真理，我们应当回去；为了国家民族，我们也应当回去；就是为了个人出路，也应当早日回去。建立我们工作的基础，为我们伟大祖国的建设和发展而奋斗。"

3 月 16 日，华罗庚到达北京，立即回到了已经复校的清华大学。在那里，他们全家暂时居住在一间房子里，拥挤不堪，生活和工作都很艰苦。但他却对访问他的记者说："目前的这一点苦如再不敢吃，将来就没有面目回国了。"在谈及中国和美国在科学水平上的差距时，他说："缩短这样的距离，把中国的科学水平提高，正是一种责任。"

热情而严厉的老师

华罗庚一回到祖国的怀抱，立即以无限的热情投入科研工作。几年中，他写下了上百万字的论文和专著。

在全国第二届政治协商会议期间，怀仁堂为委员会举办了一场文艺演出。华罗庚因临时有事而迟到了。当他手持请柬来到演出大厅时，见大厅的灯光已经暗淡，演出已经开始。他不敢打扰别人，就悄悄地寻找着自己的位置。朦胧中，他发现前面有人向他招手。他急忙向那里走去，见那儿正有一个空位。他在那空位上坐下来，觉得这个座位很是不错。再回头看看刚才向他招手的那个人，他不由得惊呆了，原来那是毛泽东主席！毛主席一边看戏，一边与他交谈。他对华罗庚说："你也是穷苦人家出来的，你要为我们国家多培养出一些学生来。"

从此，华罗庚在进行数学研究的同时，还肩负起了多为祖国培养人才的任务。

1952 年，华罗庚被任命为中国科学院数学研究所所长。初期的数学所，就像一个数学培训班，所长是老师，年轻的研究人员是学生，大家就凭着黑板和粉笔从事着教学活动和科研工作。

　　华罗庚对学生极严，常常让学生到黑板上演算题目，凡是做不出题目的人就下不了台。

　　有一次，华罗庚在黑板上演算了几段行列式，就叫一名青年上黑板作题。

　　这名青年开始演算得很熟练，可后来却碰到了难点，演算无法进行下去。

　　"哎呀，怎么搞的，刚讲完你又忘了？"坐在学生位置上的华罗庚抱怨说。

　　"让我再想想……"

　　"有什么难的！我问你，你到底听懂了没有？"

　　"大概……听懂了……"

　　"大概，大概，我最讨厌大概！"华罗庚发火了，"我看你大概太笨了！明明是塞尔贝格不等式，太容易了。我自学的时候没人教也学会了。你的中学老师是谁？你的大学老师是谁？他们怎么教你的？也太不负责任了！"

　　就这样，这个学生竟在黑板前演算了两个小时。据说，这还不是最高纪录。

　　妻子吴筱元知道这一情况后，责问华罗庚："你的学生哪样不好？你凭什么向人家发火？"

　　"我没发火呀！"华罗庚竟若无其事地回答，"我只是着了一点急，恨铁不成钢……"

　　这天晚上睡到半夜，华罗庚忽然爬了起来，到宿舍叫起那些年轻的研究人员："别睡了，别睡了！白天的问题还要好好讲一讲……"就这样，他一口气讲到了天亮。

　　像这种深夜敲门的事情，这也不是第一次。有时，他想起什么问题需要向学生讲清楚，或想起什么题目需要布置，无论是夜间还是星期天，他总是立即就去找学生交谈。时间长了，大家对他的这种工作方式也渐渐习以为常了。

其实，华罗庚与学生之间的关系完全是平等的。他对学生要求极严，对自己要求也极严。他的讲课和论文，总是欢迎学生提出意见和建议，谁提的意见和建议最多，他就与谁的关系最密切。有时意见发生分歧，师生争得面红耳赤，可最后都得服从真理。

新中国成立后，受过华罗庚教育和影响的学生已难于统计。一些与华罗庚关系最为密切的学生，后来也都成为我国数学界的栋梁之材，如越民义、万哲先、陆启铿、龚升、王元、许孔时、陈景润、吴方、魏道

政、严士健、潘承洞等等。尤其是他与陈景润和王元的交往，更是在数学界传为佳话。

50 年代初期，陈景润在厦门大学图书馆里埋头研究塔内问题。他写的一篇论文，得到了厦大数学系李文清教授的欣赏。李教授把这篇论文寄到了北京，推荐给华罗庚。

正如当年熊庆来发现华罗庚一样，华罗庚在读过论文之后，立即断定这项研究工作很有意义，并且深信陈景润这个从大学毕业不久的年轻人是一个极有前途的数学研究人员。从此，他们之间书信往来不断。1956 年 8 月，全国数学大会召开，华罗庚邀请陈景润到会，宣读了他所撰写的关于"他利问题"的论文，给了陈景润一个崭露头角的机会。1957 年，经华罗庚提议，陈景润被调到中国科学院数学研究所从事研究工作。以后，陈景润在华罗庚的指导下开始数学研究，向哥德巴赫猜想发起冲击，并于 60 年代中期成功地证明了（1＋2）的问题，取得了为世界数学界所瞩目的成就。而此时的华罗庚，却招来了一个"重视只专不红的人"的罪名，屡次受到批判。

与陈景润相比，王元来到华罗庚身边要略早一些。王元在上初中时，就知道中国有一个叫华罗庚的大数学家。1947 年，他在报上看到华罗庚的《堆垒素数论》在前苏联科学院出版的消息，好不激动。他对爸爸妈妈说："将来我要拜华罗庚为师。"爸爸妈妈笑着说："他肯收你吗?"1952 年，王元从浙江大学毕业，陈建功和苏步青两位教授果然推荐他到

中国科学院数学研究所工作，成为了华罗庚的助手和学生。临别时，陈建功教授还叮嘱王元："你是我们嫁出去的'女儿'，要好好跟华罗庚学习，他是中国最好的数学家。"

梦想成真，王元当然十分高兴。不久，华罗庚就出了一道题目考他：如何将二次曲线化成标准型，并用矩阵表示出来。王元一时未能答出，华罗庚似有不快，问他："怎么连这也忘了?"。第二天，当王元拿出了正确的答案时，华罗庚面带喜色，并又出了一些题让他去做。如此几番考察，华罗庚发现了王元的数学天赋，就决定将他留在自己身边搞数论研究。

从此，华罗庚对王元的要求更加严格了，师生之间关系也更加密切起来。华罗庚告诉王元，科研工作不仅要有速度，而且要有加速度。开始，王元并未完全理解这句话的意思，还是围绕着原来的问题写了几篇论文。华罗庚生气了，严厉地批评说："不但要有速度，还要有加速度。如果你只在这个水平上工作，那就永远不会有更好的成绩。"

王元明白了，懂得这位严师是要他不断去创新。

一天，王元拿了一篇论文去请华罗庚过目，恰逢华罗庚刚从外面回来，精疲力尽地坐到了椅子上。王元递过论文，华罗庚摆了摆手，说："今天太累了，我不看了。"

王元坚持说："您就看一行，好吗?"

华罗庚接过论文看了起来。刚看过第一行，他就被这个有趣的问题所激动了。他说："啊，蒙特卡罗方法不就是一致分布吗? 咱们来搞搞。"在华罗庚的指导下，王元边干边学，终于解决了二维数值积分问题。1960 年，他们合作撰写了第一篇论文，师生一道踏进了一个新的研究领域。1964 年，他们发表了用分圆域计算多重积分的方法的文章，并在电子计算机上加以实现。1972 年，他们又恢复了这方面的研究工作，并作出了方法的理论证明。国际数学界把他们的研究成果称为"华——王方法"，并认为这些工作对整个理论是"价值连城的贡献"。

华罗庚不但培养了一大批青年数学家，而且对中小学生的健康成长也十分关心。他是我国中学生数学竞赛的创始人和组织者，也在青少年的科普工作中作出了不朽的贡献。他为中学生撰写的《杨辉三角》、《数学归纳法》等通俗读物，至今还在发挥着重要作用。

建国初期，一些数学知识缺乏的人热衷于一鸣惊人，搞用圆规、直尺三等分任意角之类的研究。为了给这些人一个科学的思维方法，华罗庚撰写了一篇《三分角问题》的文章，指出他们的这类研究不过是白白浪费聪明才智。他认为，那些人之所以还在下功夫研究这个问题，是由于不肯好好地学习别人已有的研究结果，亦没有弄清一件事情的"不可能"与"未解决"的根本区别。他比喻说："上月亮去"不是件"不可能"的事，而是件"未解决"的事；"步行上月亮去"则是件"不可能"的事，而不是件"未解决"的事。用圆规、直尺三等分任意角（直角除外），早已证明是"不可能"的事，而并非"未解决"的事，因而不必再在这个问题上耗费时间和精力。

华罗庚就是这样用自己的多种努力，来实现毛泽东同志对他提出的要求：为国家多培养出一些学生来。

求得生命价值的最大值

华罗庚一贯主张把数学理论研究同生产实践紧密结合。从 50 年代末期开始，他就走出书斋和课堂，来到广阔的工农业生产实践之中。60 年代以后，他进一步把数学方法创造性地应用于国民经济领域，筛选出了以改进工艺问题的数学方法为内容的"优选法"和处理生产组织与管理问题为内容的"统筹法"（简称"双法"），并用深入浅出的语言写出了《优选法平话及其补充》和《统筹法平话及补充》两本科普读物。

20 多年来，华罗庚率领自己的助手和学生，走遍了全国 26 个省、市、自治区，组织和领导广大工人、农民、战士和工程技术人员，致力于"双法"的推广和普及，不仅使难以数计的工程项目节约了能源，降低了消耗，增加了产量，缩短了工期，提高了质量，而且培养了一支为国民经济服务的科技队伍。

那是 1965 年，华罗庚来到西南地区推广统筹法。在那里，他正好遇到了一个追悼会。山坡的工地上聚集着一大群人，大家摘下头上的柳条帽，低头默哀，含泪与死者告别。

死者是一名战士和一位班长。他们在爆破一个山洞时，安放了 22 支雷管，但其中有一支雷管失灵，出现了哑炮。战士抢先冲进山洞，班长也跟着冲了进去。他们一起排除了故障，可是导火线的后半截燃烧得太快，两个人再也没有能够走出这个山洞。

血的代价，在华罗庚的心中激起了狂澜。他想：为什么不能在生产过程中，使工艺参数、原料配比等更加趋于合理，从而生产出高质量的雷管来？工厂生产的雷管，为什么一定要到现场使用之后才能判断它是否合格，为什么不能事先把那些次品检查出来，以避免不必要的牺牲？看来，问题在于要找到一种科学的方法对产品合理地进行抽样检验。这位战士和班长的鲜血，终于化作了华罗庚研究和推广优选法的动力。

1972 年 11 月，祖国北部城市佳木斯下了一场十多年未见的大雪，市内交通中断了，行人都在齐膝的积雪中行走。在这种恶劣的气候条件下，人们开始怀疑了：本打算要来这里推广优选法的华罗庚还会来吗，这可是连一般出差的人都望而生畏的天气啊！然而，年逾花甲的华罗庚还是按时率领他的小分队来了，就像当年盛夏，他冒着酷暑，在武汉挥汗如雨地工作一样。华罗庚风趣地把这种在严寒、酷暑中的拼搏称之为"夏练三伏，冬练三九"。妻子吴筱元半开玩笑半认真地说："亏你还搞什么优选呢，怎么连天气也不会选呀！"对此，华罗庚无言以对。实际上，他去什么地方，完全是从工作需要出发的，而对天气，却完全没有进行"优选"。

1975 年夏天，华罗庚在大兴安岭搞林业统筹工作。他徒步穿行于茫茫林海之中，看伐木工人把优选法用到油锯上锯树，望着拖拉机手按统筹法集材、运材。他无比兴奋地听着，计算着林场应用"双法"后所提高的生产效率。就在这一次，由于过度疲劳，他的心肌梗塞症第一次发作，经哈尔滨的医生们紧急抢救，才逐渐苏醒过来。在病床上，他仍坚持工作，把他十年中推广"双法"的经历和体会写成了《学步十年》一文，寄给了在《光明日报》社工作的本文作者。我在收到文稿后，立即排出小样，一方面送中国科学院有关领导审阅，一方面寄给华罗庚定稿。不久，华罗庚就从哈尔滨107招待所退回了小样，并附短信一封，谈他黑龙江之行的体会：

周文斌同志：

来信收到。刚从大兴安岭回来，到了林区，到了国防前线吴八老岛，见到不少沪杭知识青年，十年来荒山僻岭少人烟的地方大变了样，深受教育。

小样改了数字，谨寄上。

此致

敬礼

华罗庚　1975年8月16日

《学步十年》一文于9月22日在《光明日报》发表，当时华罗庚已

回到北京。我带了几份当天的报纸前去拜访，见他仍躺在床上养病。他见了我，情绪很好，又谈起了他十年来推广"双法"的欢乐与忧虑。他说："这篇文章能在《光明日报》发表，实在是一件好事。'文革'以来，我还从来未在报纸上露过面，不少人以为我被打倒了，以为推广'双法'的活动不灵了，不少地方的推优小组也被解散了。今天，中央人民广播电台广播了报纸上的这篇文章后，立即有人给我打电话，说原来华罗庚并没有被打倒，推优工作还要进行下去。"

这次病愈之后，华罗庚重新又活跃在工厂、农村，为推广"双法"而日夜奔忙。1976年2月，他又把自己去井冈山地区推广"双法"的体会写成一首词寄给了我：

　　敬步原韵奉和毛主席

　　　水调歌头

　　重上井冈山

激起冲霄志，

敢上万仞山，

面对悬崖峭壁，

扬眉喜开颜。

为人民服务有处，

架起天梯石栈，

盘旋出云端，

下临万丈涧，

装点更好看。

穿岩洞，

架飞虹，

接人寰。

死生累苦算啥？

利便留人间。

直上仙山灭怪，

迳登琼阁靖魔，

不歼誓不还。

主席思想在，

无高不可攀。

1976 年 1 月 30 日（旧除夕）作；

1976 年 2 月 14 日（旧元宵）改。

正是这种"无高不可攀"的信念，鼓舞着华罗庚登上了理论数学和应用数学两座高峰。他推广统筹法、优选法，使数以百万计的人亲聆教诲，参与实践，经济效益难以统计。像天津碱厂，纯碱生产优选后，每年节约粗盐 9000 吨，价值 27 万元。内蒙古 80 个企业推广"双法"，每年增产节约 800 万元。四川推广"双法"四个月，即增产节约 2.3 亿元。湖南某军工企业坚持七年使用优选法，每年节约 120 万元。广西粮食局应用优选法，取得 473 项成果，增产大米 777 万斤、油脂 14 万斤。广东东方宾馆、白天鹅宾馆应用统筹法组织施工，缩短了工期，提前开业，分别增收 200 多万元，并少付贷款利息 1000 万港元。

早在 1964 年和 1965 年，毛泽东同志便两次给华罗庚写信，赞扬和勉励他"壮志凌云，可喜可贺"，"奋发有为，不为个人而为人民服务"。

1982 年，长期的奔波劳碌使华罗庚的心肌梗塞再次发作。医生、亲友和他的学生们都建议他好好静养，不要再东奔西走了。华罗庚感谢大家对他的关心，但却无法接受这样的建议。他说："我追求的是生命价值的最大值。"

的确，华罗庚一生都在追求生命价值的最大值，他也求得了生命价值的最大值。

最后的旅程

1985 年 6 月 3 日晚间，一架日航 JL—782 次班机平稳地降落在日本东京羽田机场。身着浅灰色西服、一头银发的华罗庚教授，手持拐杖，在儿媳柯小英医生的陪伴下走下舷梯。

华罗庚此次东京之行，是应日本亚洲文化交流协会的邀请，与日本同行进行应用数学方面的交流。

他们一行下榻于东京新高轮饭店。第二天上午，日中文化交流协会理事、女数学家白鸟富美子来访。这位年近七旬的学者，曾经侨居中国，对中国人民怀有友好的感情。为了欢迎华罗庚来访，她特地在日本数学杂志上撰文，介绍华罗庚的生平和学术成就。当华罗庚踏上了日本国土以后，她又特地购买了一束鲜花，送到了新高轮饭店。作为回赠，华罗庚将自己的一本科普著作选集签名赠给了白鸟富美子。

6 月 5 日，华罗庚率助手到日本能率协会进行学术活动。日本友人介绍了他们运用统筹法帮助企业提高效率的情况，我方也介绍了在生产中推广应用"双法"的情况。

6 月 6 日，助手们到日本世纪研究中心公司进行学术交流，华罗庚则因有点腹泻而未参加。他在寓所里给美国哈佛大学贝柯夫教授和麻省理工学院林家翘教授写信，信中仍谈及对应用数学发展的认识问题。

6 月 7 日，华罗庚出席了我国驻日大使宋元光为他举行的欢迎宴会，接着又参加了准格尔工程的双边会谈。下午 4 时，华罗庚一行在日本外务省会见了安倍外相。

6 月 8 日是周末，日方特地安排他和代表团全体人员到箱根去休息。箱根是日本著名的旅游胜地，以温泉而著称。华罗庚一行住在风景优美的小涌园，可谓舒适而惬意。然而，此时已与他进行讲演的日子临近，他已在心中思考着讲演的内容，因而对温泉浴和观赏风光之类的事情失去了兴趣。第二天，他便提前结束了在箱根的休假，回到了东京的新大谷饭店。

6月10日，他在饭店里着手写讲演提纲。由于他的手颤抖，因而只写了一个草稿，然后请助手誊写了一遍。

6月11日，他一次一次阅读誊写好的讲演提纲，反复进行修改，又让助手帮他写好讲演用的投影纸。这天，他还翻阅了日本学士院院士名单，准备给每一位院士赠送一本《华罗庚科普著作选集》。紧张的思考与工作，使他这天夜间兴奋得难以入睡，在服了3片安眠药后，才于次日凌晨两点合上了眼。

6月12日早8点，华罗庚照常起床。柯小英为他检查了心脏和血压，感到情况正常。下午两点，华罗庚一行到达日本学士院，几乎所有的老院士都出席了欢迎大会。木村健次郎代表学士院致欢迎辞，华罗庚亦作了简短讲话，然后互相赠书留念。接着，他们又参观了天皇和学士院负责人办公的地方、院士会会场和图书馆。华罗庚应邀在学士院留言簿上题词："十分荣幸地来访问日本学士院，祝两国科学交流日益繁荣。"此时已是下午3点。

在短暂休息之后，下午4点，华罗庚即来到东京大学数理学部讲议厅，向日本数学界讲演。进入会场前，他应邀签名留念，并用英文写下了他这次讲演的题目：《理论数学及其应用》。进入会场后，日本数学会会长小松彦三郎致词欢迎。4点12分，华罗庚在热烈的掌声中从容地走上了讲坛。

华罗庚从50年代的三本数学理论著作讲起，一直讲到80年代数学在经济生活中的应用，每一个年代又分为理论和普及两个部分。他开始用中文讲，由翻译翻成日文。为了节省时间，他征得了会议主席和听众的同意后，改用英语讲，不再翻译。听众反应热烈，华罗庚的情绪也特别高涨。此时，他感到有点热，于是脱掉了西服外套，又解开了领带。会场虽然准备了轮椅，但他一直站着讲。5时许，他看了看表，对主席说："讲话的时间已过，我还可以延长几分钟？"听众以热烈的掌声回答

了他的请求。

　　5时15分，华罗庚讲演结束，最后说了一句"谢谢大家"。白鸟富美子在热烈的掌声中手捧鲜花从台下走上讲坛。华罗庚就在将要接过鲜花的那一刹那间，突然身子向后一仰，倒在讲坛之上，眼镜也被扬起的右手打落在地。

　　柯小英立即上前抢救，做人工呼吸和心脏按摩。但此时脉搏已无起伏，心脏已停止跳动。

　　不久，东京急救站的急救人员赶到，仍继续做人工呼吸和心脏按摩。5时36分，第二批急救人员到达，东京大学心脏学权威杉木教授也来现场指挥抢救，并亲自做人工呼吸。在做了两次心脏起搏后，监视仪器上出现了脉搏波图形，但只要一停止人工呼吸和心脏按摩，波形图就渐渐变小。6 时 15 分，华罗庚被送到东京大学急救病房继续抢救，直至 8 时 27 分，抢救仍无效果。晚 10 时 9 分，参加抢救的医生不得不沉痛宣布：一代数学伟人华罗庚因患急性心肌梗塞，经抢救无效，在东京逝世。

74 岁的华罗庚就这样匆匆地离开了自己的岗位，离开了他所热爱的事业。然而，他却死得像一位气壮山河的英雄，一位勇往直前的战士！

我国原子能科学的创始人钱三强

1913 年 10 月 16 日，一个婴儿出生在浙江省绍兴市。51 年以后的同一天，一朵巨大的蘑菇云在新疆的罗布泊升起。

这两件事情的时间似乎有点巧合，但它们却有着内在的、不可分割的联系。

那个婴儿叫钱秉穹，就是后来成为我国杰出科学家的钱三强。

至于那朵蘑菇云，就是大振我国国威和军威的第一颗原子弹。

是钱三强用心血浇铸了那颗原子弹；是那颗原子弹将钱三强推上了我国原子能科学事业创始人的宝座。

钱三强一生作过多种工作，有过多项成果。然而，他的全部工作，都始终没有离开对原子能的探索；他的累累成果，都最终体现在那朵蘑菇云的巨大威力之中。

有人把钱三强称作"中国的原子弹之父"，他本人不同意这种说法，认为原子弹的爆炸成功，"不是哪一个人的功劳，更不是我个人的功劳。我只是在党交给我的岗位上，像一个普通的战士那样，做了一份应该做的工作。"

然而，1992年，当钱三强逝世的时候，由新华社播发的讣告中，却用了"深受人民尊敬和爱戴的杰出科学家、我国原子能科学事业的创始人"这样的评语。这可谓是盖棺定论。它准确地表述了钱三强的高尚情操和伟大成就，是钱三强一生的真实写照。

从"秉穹"到"三强"

钱秉穹出生于一个开明进步的诗书世家。父亲钱玄同早年留学日本，师从章太炎，参加反清斗争。他博古通今，见解独到，刚满30岁就成了北京大学年轻的教授，主讲"音韵学"、"说文研究"、"学术思想史"等课程。"五四"时期，他积极参加新文化运动，提倡文字改革，与陈独秀、李大钊、胡适、刘半农、沈尹默等人创办《新青年》杂志，是六名轮流编辑之一。

母亲徐琯贞亦出生书香人家，又在上海读过中学，是一位知书识礼、风度不凡、身体健康的知识女性。

秉穹出生9个月时，母亲就带他来到父亲教书的北平。

1920年，7岁的钱秉穹入北平孔德学校（今北京市二十七中学）读书。孔德学校是一所十年一贯制的学校，也是北京大学的教授子弟学校。

在蔡元培校长的领导下，该校最早采用白话文和注音字母教学，学生思想十分活跃。

在家庭和学校的影响下，钱秉穹曾一度对文学产生了兴趣。上初中的时候，他与几个同学为《华北日报》办文艺副刊"迹"，有的写诗歌，有的写小说，而钱秉穹则是一名散文作者。

与钱秉穹一起办文艺副刊的一个同学叫李志中，专爱写诗。他比钱秉穹大一岁，个子较高，但身体却很瘦弱，因而以"大弱"自称。钱秉穹在家排行老三，喜爱球类运动，身体强健，李志中便送了他一个"三强"的雅号。此后，他们在通信中便互称"大弱"与"三强"。

有一天，父亲看到一封写给"三强"的信，便问秉穹："这'三强'是谁呀？看上去像是你嘛！"

秉穹点了点头："是，这是同学给我取的雅号。"

父亲说："这个名字还不错呀，'三强'可以理解为德、智、体三方面都好。"

秘密公开了，钱秉穹以后就干脆改名为钱三强。

其实，除了个人的德、智、体三强之外，钱三强的心目中还有一强，那就是希望国家富强。

1928年，钱三强初中还未毕业的时候，他就读到了孙中山先生撰写的（建国方略）。孙先生在这部书中为未来的中国描绘了一幅十分鼓舞人心的蓝图：以兰州为中心的几条线路干线贯穿东西南北，北方、东方和南方的几大港口吞吐着大批货物，来往的船只通向世界各地……

孙先生的这一远大理想深深地感染了钱三强。他从此树立了工业救国的信念，并把学好数学与物理看作是通向工业救国的道路。这个年刚15的初中生，已经选定了他未来的事业目标：将来投考南洋大学（今上海交通大学）电机工程系，以便在祖国的工业建设中一显身手。

诱人的原子核科学

有一天，钱三强同父亲谈起自己想报考南洋大学的计划。父亲十分高兴，并对他工业救国的愿望表示赞扬。不过，父亲也提醒他："南洋大学用的是英文课本，而你在孔德学校学的是法文。要报考南洋，必须先打好英语基础啊。"

正因为这一原因，钱三强在初中毕业后没有继续留在孔德学校上高中，而于1929年考入了北京大学理科预科。他打算在这里补上英语这一课，为将来进入南洋大学作准备。

就在这个时候，原子核科学在许多国家开始了突飞猛进的发展。1930年，美国科学家劳伦斯发明了回旋加速器，使原子核物理的研究工作有了新的手段。1932年，英国物理学家查德威克根据从法国传来的伊雷娜·居里和她的丈夫弗雷德里克·约里奥（即约里奥·居里）作出新实验的消息，进行了一系列的实验研究，从而发现了一种新的粒子——中子。同年，美国的劳伦斯等又利用回旋加速器使原子核发生蜕变……

这一系列的新进展，使一大批有志于科学事业的年轻人眼花缭乱，热血沸腾。钱三强就是这些年轻人中的一个。他既为核物理的进展而欢欣鼓舞，也深为这一学科的前景所吸引。就在北大理科预科学习的时候，钱三强还常去听清华大学教授吴有训、萨本栋等在北京大学物理系讲授的近代物理和电磁学，还阅读了英国科学家罗素的《原子新论》中译本。这使他对原子物理产生了强烈的兴趣。在不知不觉中，他改变了学习电机工程的初衷，而决定投考清华大学物理系。

1932 年，钱三强如愿以偿，进了清华物理系，成为吴有训教授的学生。在这里，钱三强除了完成物理系各门必修课的学习之外，还选修了由吴有训教授开设的实验技术课，学到了烧玻璃的火候和吹玻璃的技术。他的毕业论文就是由当时担任物理系主任的吴有训教授指导的。

毕业论文的题目是：在真空条件下，钠的金属表面对真空度的影响。

为了完成这一论文，吴教授给了他一个真空泵，加上一些玻璃管和吹玻璃的工具。经过一段时间的努力，整个实验系统就做完了，没想到一抽真空时，实验系统却爆炸了，水银流了一地。

他不知道问题出在哪里，急忙找来了吴教授。吴教授告诉他："那是因为系统联结时没有退火，以致热应力不均匀而造成玻璃破裂。"他按照吴教授的指点重作了一套系统，果然获得成功。他的毕业论文也得了90 分。

钱三强终于在自己选定的道路上迈出了坚实的第一步。

1936 年，他从清华毕业以后，吴有训教授又把他推荐给了北平研究院物理研究所所长严济慈，担任助理员，从事分子光谱方面的研究。从此，这个二十多岁的年轻人赢得了更为广阔的发展机遇。

跨进新的门槛

钱三强在清华大学上学的时候，原子物理的发展势头仍然十分强劲。1933 年，奥地利物理学家泡利提出了中微子假说，用以维护 β 衰变的总能量守恒。第二年，意大利物理学家费米用中微子概念，提出原子核 β 衰变的量子理论，并用中子轰击法制成多种人工 β 放射元素，还发现了原子核吸收慢中子与中子速率成反比的规律。同年，巴黎大学居里实验室的弗·居里夫妇发现人工放射性，开始了人工制备放射元素。弗·居里夫妇因此而获得了 1935 年的诺贝尔化学奖。

毫无疑问，这一切都对钱三强有着极大的诱惑力。

幸运再次降临于他。1937 年，中法教育基金会要从中国招收三名留法学生，镭学、流体力学和微生物学各有一个名额。在严济慈所长的鼓励下，钱三强报考了镭学，并被录取。

然而，幸运之中又伴随着不幸。就在他准备去法国的前夕，日本侵略者发动了"七·七"事变，在华北燃起了战火。父亲钱玄同忧愤国势，高血压骤然加重，凶吉难卜。国难家愁，一齐袭上心来，使钱三强对出国之事发生了动摇。他不忍心在这个时候离祖国而去，离亲人而去。

父亲看出了他的心思，劝导说："这次出国，是极难得的机会。你学的东西将来对国家是有用的，报效祖国，造福社会，路程远得很哩！男儿之志，不能只顾近忧啊！"

听了父亲的劝告，钱三强只好毅然割断心中的忧愁，于1937年的夏秋之交踏上了去法国的旅途。

经过一个多月的海上航行，钱三强终于抵达巴黎。这时候，赴法参加国际文化合作会议的严济慈已先期到达巴黎。严济慈早年就曾留学法国，并在巴黎大学法布里物理实验室和法国科学院大电磁铁实验室做过研究工作，这里有他的许多朋友和同事。师生在巴黎相见，倍感亲切。严济慈决定亲自把钱三强带到巴黎大学镭学研究所居里实验室去，亲自将自己的学生介绍给享有世界盛誉的伊雷娜·居里和弗雷德里克·约里奥。

他们的会见是在实验室后面的小花园进行的。花园的草坪上有两张绿色的长椅。伊雷娜·居里坐在一条长椅上，穿一件白色工作服，宽阔的额头上闪烁着智慧的光芒。严济慈和钱三强坐在另一条长椅上，谈话就很自然地开始了。

严济慈指着钱三强介绍说："他是中法教育基金委员会招收的留学生，准备到这里来读博士学位。"

"是做物理方面的工作，还是做化学方面的工作？"伊雷娜问道，态度平和而安详。

"做物理方面的。"钱三强用法语回答说。

"那好，就由我来指导你做博士论文。"伊雷娜说。

接着，伊雷娜又详细地向钱三强介绍了他们这里的工作情况。她说："我们这个实验室是个老实验室，成型的设备不错，但新东西少些。法国政府拨了一笔款，在法兰西学院建立了原子核化学研究所，约里奥主要在那边工作。你今后的主要工作就在我们这个实验室做，有些事情也可

以到法兰西学院去做。那里正在建造一些新设备。在我们这里学的东西广，在那边学的东西新。"

到这两个世界闻名的实验室工作、由两位诺贝尔奖获得者来作自己的指导教师，一直是钱三强梦寐以求的理想。没想到，转瞬之间，这个理想竟然变成了现实。钱三强内心的兴奋和激动简直难以形容。他感到自己跨进了一个新的门槛，眼前飞起了一道美丽的彩虹。

获得博士学位

伊雷娜·居里与弗雷德里克·约里奥虽然是一对情深意笃的伴侣，

可他们两人的性格却相差甚远。伊雷娜沉默寡言，不善交际，只是一心沉湎于自己的研究工作。看起来，她待人冷淡，而内心却包含着热情与真诚。只要有问题找到她，她总会尽力给予你支持和帮助。约里奥性格开朗，热情奔放，喜欢交往，善于辩论，既是一个优秀的科学工作者，也是一个优秀的组织工作者。

钱三强到居里实验室不久，约里奥便问他："你会不会金工?"

"会一点，我在清华选修过这门课。"钱三强回答。

于是，约里奥把他领到了郊区的一家工厂去加工一些零件。约里奥和这里的工人打得火热，零件很快就按要求加工好了。这时，约里奥正在建立一台回旋加速器，其中的云雾室就是由他自己设计和制造的。他让钱三强按照他的设计原理给居里实验室再设计和制造一个云雾室。钱三强凭着自己在清华上过实验技术课的优势，很圆满地完成了这一工作。他设计制造的这个云雾室的有效时间比约里奥所做的那个还要高出一倍多。

这以后，伊雷娜提出要与钱三强合作进行一项实验，由她作放射源，钱三强用云雾室拍照和测量。这个实验的目的是要测量铀和钍受中子打击后产生的半衰期为3个半小时的镧同位素的β能谱。伊雷娜从事这一研究工作是从1935年开始的。1938年秋天，她公布了自己与南斯拉夫科学家萨维奇合作研究的成果。德国科学家哈恩和斯特拉斯曼从伊雷娜的成果中受到启发，开始进行同类型的实验，证明铀受中子打击后能产生放射性钡的同位素。他们的这一成果于1938年底公布后，终于导致了核裂变现象的发现。几个月内，世界上便有二十多个实验室开展了核裂变的实验验证。伊雷娜与钱三强所做的这个实验，也属于这一验证性的工作。他们经过3个星期的努力，终于证明铀和钍受中子打击后，所得镧的β能谱是同等的，说明它们是同一种同位素。在这一基础上，伊雷娜与钱三强合作发表了《在铀和钍中产生的稀土族放射同位素的放射性比较》的研究论文，有力地支持了核裂变现象存在的观点。

1939年初，核裂变现象得到了科学界的公认。这一划时代的成果，导致了原子核能的利用。

这一实验的成功使钱三强深受鼓舞。他忽然想到，如果回国以后，要让自己单独从事这类工作，恐怕就力所难及了。他还缺乏化学方面的知识，不会制放射源。于是，他征得伊雷娜的同意，开始向波兰籍的化学老师郭黛勒夫人学习放射源的制备。

这些工作完成后，钱三强于 1940 年获得法国国家博士学位。

三分裂的发现

1940 年，第二次世界大战的形势日益严峻。6 月，德国军队攻占了巴黎，伊雷娜与约里奥辗转流离，与法西斯进行着英勇的斗争。失去了研究条件的钱三强骑着自行车，带着简单的行装，随着逃难的人流向南逃去。最后，他被德军坦克部队追上，不得不重返巴黎。

在巴黎，他又遇到了约里奥，并在他的安排下重新回到了实验室。这时候，钱三强才知道，他身边的这位科学家原来是法国共产党党员，法国抵抗战线的副主席。这期间，他正在领导着科技界和教育界进行反法西斯斗争。

与此同时，祖国也在遭受日本侵略者的蹂躏。悲愤交加的父亲健康状况日益恶化，终于 1939 年 1 月 17 日含恨去世，终年才 52 岁。

1941 年底，钱三强想趁去远东的船尚可通行之机，筹划着归国事宜。他来到里昂，准备从那儿乘船回国。可在到后不久，由于太平洋日美战事的变化，去远东的船停开了。他滞留在里昂，只好到里昂大学作一些教学和科研工作，并系统地自学了量子力学。

1942 年秋，伊雷娜到法国南部疗养。钱三强去看望自己的老师，伊雷娜才知道他尚未回国。这年年底，她又一次把自己的学生召回到巴黎的实验室。

第二年，他突然收到一封来自德国柏林的信。这封信是他在清华大学时的同班同学何泽慧写来的，用意是要让钱三强代她写封家信到苏州，向父母报个平安。

钱三强照何泽慧的要求办了。此后，何泽慧的形象就时时浮现在钱三强的脑海：这个端庄、秀丽、拖着一对长辫子的姑娘曾是钱三强他们班上的三个女同学之一，后来有两个女生因不想学物理而中途转了系，只有何泽慧矢志不移，坚持到了毕业。此后，钱三强进了北平研究院物理研究所，而她却去德国留学，两人再也未曾见过面。

虽然如此，钱三强对她的思念却时常萦绕心怀。

1944年，钱三强已经31岁了。他不想再隐瞒自己的感情，于是给何泽慧写了一封只有25个法文单词的求爱信：

　　经过长期通信，我向你提出结婚的请求。如能同意，请回信，我将等你一同回国。

其实，何泽慧也早已埋下了爱情的种子，只是一直没有吐露。收到钱三强的求爱信后，她用同样简洁的语言作了回复：

　　感谢你的爱情。我将对你永远忠诚。等我们见面后一齐回国。

1946年，何泽慧从柏林来到了巴黎。4月8日，他们举行了婚礼。从此，这对生活中伴侣开始了他们共同的事业。

1945年，随着德国的投降，居里实验的工作也转入了正轨。

1946年夏天，英国剑桥大学举行战后第一次基本粒子讨论会。钱三强和何泽慧这对新婚夫妇应邀出席会议。会上，由钱三强宣读了何泽慧所撰写的论文《正负电子弹性碰撞现象》。这一工作是何泽慧在德国的实验室里完成的，当时被科学界称为科学成果中的"珍品"。

事实上，这一报告并非这对年轻夫妇在这次会上的主要收获。他们被英国青年格林与利弗赛所显示的一张核裂变现象的照片所吸引。在这张中子打击铀核的照片中，除了有两个重裂片的痕迹外，还有一条垂直于重裂片轨迹的横线。作者说，那条横线是 α 射线。

钱三强对此产生了怀疑：裂变都是放射出两个重粒子，怎么会放出 α

这样的轻粒子呢？

回到巴黎以后，钱三强即在伊雷娜和约里奥的支持下，带领着两名法国青年沙斯戴勒和维聂隆开展这方面的研究工作。通过大量实验，证明那张照片上所显示的现象有着固有的规律，大约每300次裂变出现一次。

这一发现，也吸引了本来在化学实验室工作的何泽慧。她参加到钱三强的研究小组来，共同开展研究工作。

随着实验资料的积累，他们不仅掌握了三条裂变线的规律，细心的何泽慧还观察到了四条裂变线的现象，不过这种情况在上万次裂变中才有一次。

1946年底，他们公布了自己的成果：原子核在中子打击下，不仅可以一分为二，而且可能一分为三（即三分裂）或一分为四（即四分裂）。

这一成果引起了物理学界的重视，也招来了不同的意见。那两个英国青年的导师、英国爱丁堡大学教授费瑟就不同意钱三强的判断，他在1947年3月发表的文章，坚持认为那条多出来的射线是 α 粒子，不是直接从裂变中出现的，而是在原子核将要破裂前或破裂后放射出来的，即所谓"两阶段的核作用"。

费瑟与发现中子的查德威克一样，同是英国著名核物理学家卢瑟福的学生，有很大的名气。而当时的钱三强还只是一个讲师级的年轻人。但钱三强仍旧敢于坚持自己的意见，因为他在这方面做了艰苦、细致的工作，对三个粒子的质量、动能和角度进行过准确的测量，确信那是三分裂现象。1947年4月，钱三强发表了《论铀的三分裂机制》的论文，不指名地批评了费瑟教授的"两阶段核作用"论。他认为，如果 α 粒子是裂变前放射出来的，那么它的方向应当倾向于液滴变形的轴向，因为这个方向的势垒高度最低，α 粒子比较容易射出，但事实不是如此；如果 α 粒子是裂变后被一个重裂片放射出来的，那么它的方向将会对这个重裂片具有任意性分布，事实也不是如此。直到二十多年后，随着新型半导体粒子探测器的出现，前苏联和美国的七个实验室进一步测量了粒子的能量，证明重元素核裂变都能放出氢、氦、锂、铍等轻原子核，其中氦－4（即 α 粒子）约占 90%，氢－3、氦－6、铍－10 等约占 10%。费瑟认为放出 α 粒子，从现象上来说基本正确，但从本质上来说，它的机制是属于三分裂的范围，不能用"两阶段核作用"来解释。1969 年，在维也纳召开的"裂变的物理和化学"国际会议上，费瑟宣布放弃"两阶段核作用"的观点，同意了三分裂的解释。至此，钱三强和何泽慧的三分裂、四分裂的发现才被国际物理学界所广泛接受。人们对裂变的了解和认识也有了进一步的加深。

投入祖国的怀抱

钱三强在法国居住了 11 年，共发表研究论文近 40 篇。这些出色的成绩为他赢得了名誉和地位。继 1940 年获博士学位后，1946 年又获得了法国科学院亨利·德巴微物理学奖。1947 年，他又升任法国国家科学研究中心研究导师（相当于副教授）。

在这种情况下，很多同窗好友都认为，钱三强必将长期留在法国，以便在这黄金时期进一步攀上核科学的高峰。

然而，钱三强和何泽慧却不这么想。他们惦念着战火中的祖国，惦念着在苦难中挣扎的亲人。他们认为，科学虽然没有国界，可科学家却有自己的祖国。祖国再穷，是自己的；正因为她贫穷落后，她的子女们就更应努力奋斗，为改变祖国的面貌贡献自己的力量。

正是抱着这样的信念，他们于 1948 年初夏向约里奥先生和伊雷娜夫人提出了回国的请求。

约里奥夫妇先是感到有些吃惊，继而表示惋惜和难舍。但在听了钱三强的陈述之后，他们都表示理解和赞成。约里奥说："我要是你的话，也会这样做的。"他们还把当时还很保密的核科学重要数据告诉了钱三强，又送给了钱三强一些放射性材料和放射源，希望这些东西能对钱三强今后的研究工作和中国核科学发展有所帮助。伊雷娜夫人还送给钱三强一句临别赠言："要为科学服务，科学要为人民服务。"

1948 年夏天，钱三强作好了一切回国的准备工作。最后告别时，师生三人在花园里合影留念。约里奥还把自己亲自写的一份代表两位老师意见的鉴定文件交给了钱三强。那文件写道：

"钱先生表现出科研人员所具有的特殊素质，在我们共事期间，他的这些素质又进一步得到加强。他已完成了大量的研究工作，其中有些是非常重要的。他心智敏慧，对科学既有满腔热忱，又有首创精神。我们可以毫不夸张地说，在到我们实验室实习并在我们领导下工作的同一代科学家中，他是最优秀的。我们曾托他领导几批研究人员，他以自己的才干出色地完成了这项困难的任务，并受到他的法国和外国学生的爱戴。

"我们的国家对于钱先生的才干业已承认，并先后赋予他重任，先是任命他为国家科学研究中心的研究员，接着又任他为研究导师。他同时也是法兰西科学院获奖者。

"钱先生还是一位优秀的组织者。他具备了研究组织工作的领导者所特有的精神、科学和技术素质。"

这样的评价自然预示着钱三强有着辉煌的发展前程。然而，他却把这一切化作了美好的记忆，与何泽慧一起，带着刚满半岁的女儿祖玄踏上了回国的旅途，投向了祖国的怀抱。

给人希望的新政府

1948 年 6 月 10 日，钱三强夫妇抵达上海。他们拒绝了南京国民党政府的挽留，坚持回到北平，接受清华大学理学院院长叶企孙和周培源教授的邀请，出任清华大学物理系教授。同时，他还和何泽慧、彭桓武积极组建北平研究院原子学研究所，并任所长。

1949 年 1 月 31 日，北平和平解放，建国后，北平改称北京。

3月的一天，钱三强即接到通知，要他参加中国保卫世界和平代表团，赴巴黎出席保卫世界和平大会。团长是钱三强少年时代就很崇拜、但却未见过面的郭沫若。团员也都是各界知名人士，如马寅初、张奚若、许德珩、钱俊瑞、翦伯赞、田汉、洪深、丁玲、许广平、徐悲鸿、肖三、程砚秋、李德全、裴文中、戈宝权等。

钱三强想，这次去巴黎，又可以见到自己的老师约里奥夫妇了。如果能带些钱去，一定可以在他们的帮助下，购买一些原子研究所必需的仪器设备和文献资料，穿过封锁线，运回祖国。他把这个想法告诉了一位组团的联系人，并且说出了大约需 20 万美元的数额。

此后三天未见回音，钱三强开始暗自后悔了。他觉得自己在一个不适当的时候提出了一个不适当的问题。当前国家还处于内战之中，刚刚解放的城市和地区百废俱举，农村急需生产救济，整个经济状况十分困难，怎么可能拿出外汇来购买科学仪器呢！自己真是书生气太重，太不识时务，太不懂国情了！

可是到了第四天，他却接到一个从中南海打来的电话，叫他去商量一点事情。在中南海，等待他的是中共中央统战部部长李维汉。他在热情招呼钱三强坐下以后，便说："三强，你的那个购买科学仪器的建议，中央研究过了，认为很好。清查了一下国库，还有一部分美金，有这个力量，决定给予支持。估计一次用不了你提的全部款项，因此，在代表团的款项内先拨出 5 万美元供你使用。"

此时此刻，钱三强心如潮涌，眼前一片模糊，不久前的一件往事又重现自己的脑海。

那是 1948 年的下半年，也是在这个北京城，他曾为适当集中国内原子核科学研究力量而奔走呼号，可是却接连碰壁，始终找不到一个支持者。

他首先找的是清华大学校长梅贻琦。听了他的陈述后，梅校长表示理解，但却无能为力。他说："你的意见何尝不对，可现在是各立门户，各自为政，谁能顾得上这些呢！"

接着，他去找北京大学校长胡适。胡适既是他父亲的老友，也与他有过不期之遇。现在他是校长，又是可与高层通话的要人，也许可以有些办法。可是，胡适的回答与梅贻琦几乎一样。他说："门户之见，根深蒂固。北平有几摊，南京还有一摊，谁也不可能把他们拢在一起，还是各尽其力吧。"

最后，他找到北平研究院副院长李书华，希望最起码可以把北平的力量先联合起来，可得到的回答是："在一定的时期开个学术讨论会是可以的，其他恐怕办不到。"

钱三强情不自禁地将这两件事情加以比较，真正感受到了两个政府对科学技术态度的天壤之别。此后，由于法国戴高乐政府拒绝给社会主义国家的代表团入境签证，保卫世界和平大会不得不在捷克斯洛伐克首都布拉格另设分会场，中国代表团只是去了布拉格，钱三强赴法购买仪器设备的想法未能实现，可这件事情仍旧给他留下了终生难忘的印象。在过了五十多年之后，他还回忆说，人民政府的"远见卓识和治国安邦之道，一举之中昭然天下，让人信服，给人希望"。

事情的确是这样。1949年11月1日，也就是建国后一个月，中国科学院即宣告成立，钱三强被任命为科学院计划局副局长。接着，北平原子学研究所等研究机构改建为中科院近代物理研究所，吴有训任所长，钱三强任副所长。一年以后，钱三强升任该所所长。过去各自为政的局面被打破了，一批卓越的核物理工作者聚首到了近代物理研究所中。彭桓武、金建中、黄祖洽、陆祖荫来了，王淦昌、忻贤杰从浙江大学来了，赵忠尧、李寿枏从南京来了，杨承宗、金星南从法国来了，胡宁、邓稼先、肖键、郭挺章从美国来了，杨澄中、朱洪元、戴传曾从英国来了，刚从大学毕业的优秀学生于敏、叶铭汉、徐建铭等也从各地来了。

我国发展核科学技术的第一块基石由此而奠定。

最高决策

1955年1月14日，钱三强被召到了周恩来总理办公室。在座的还有地质学家李四光、地矿部副部长刘杰、国务院副总理薄一波。周总理先请李四光介绍我国铀矿资源的勘探情况，接着又让钱三强讲述我国核科学技术的研究进展，并详细询问了原子反应堆、原子弹的基本原理，以及发展这项事业的必要条件等。周总理还告诉大家："明天毛主席和中央其他领导要听取这方面的情况汇报，你们可做点准备，简明扼要，可以带点铀矿石和简单仪器作点现场演示。"

第二天，专门研究发展我国原子能事业的中央书记处扩大会议在中南海的一间会议室召开。钱三强、李四光准时到会。出席会议的领导人有毛泽东、刘少奇、周恩来、朱德、陈云、邓小平、彭德怀、彭真、李富春、陈毅、聂荣臻、薄一波等。

毛泽东主席亲自主持会议。他开宗明义："今天，我们这些人当小学生，就原子能有关问题，请你们来上一课。"

李四光拿出一小块黑黄色的铀矿标本，给在场的领导们传看。然后，他又讲了铀矿资源与发展原子能的密切关系。

钱三强汇报了世界上几个主要国家的原子能发展概况和我国近几年所做的工作。为了加深直观印象，钱三强还把自己制造的一台盖革计数器放在会议桌上，将铀矿石装进口袋里，然后从会议桌旁走过，计数器立即发出"嘎、嘎、嘎"的响声，引得全场发出高兴的笑声。有的领导人兴趣很浓，还亲自作了试验。会上，大家还提出了许多各自关心的问题，钱三强、李四光一一作了回答。

在谈笑风生之间，毛主席点燃了一支烟，开始作总结性讲话："我们的国家，现在已经知道有铀矿，进一步勘探，一定会找出更多的铀矿来。我们也训练了一些人，科学研究也有了一定的基础，创造了一定条件。过去几年，其他事情很多，还来不及抓这件事。这件事总是要抓的。现在到时候了，该抓了。只要排上日程，认真抓一下，一定可以搞起来。"

"你们看怎么样？"毛主席看了看大家，接着强调说，"现在前苏联对我们援助，我们一定要搞好。我们自己干，也一定能干好！我们只要有人，又有资源，什么奇迹都可以创造出来。"

这次会议的一致结论是：一定要大力发展原子能事业。

毛主席作完总结后，突然向钱三强提出一个关于原子内部结构的问题："原子核是由中子和质子组成的吗？"

"是这样。"钱三强回答。

"那质子、中子又是由什么东西组成的呢？"毛主席又问。

钱三强说："这个问题正在探索中。根据现在的研究成果，质子、中子是构成原子核的基本粒子。所谓基本粒子，就是最小的，不可再分的。"

毛主席以他哲学家的头脑略加思考，接着说："我看不见得。从哲学的观点来看，物质是无限可分的。质子、中子、电子，也应该是可分的，一分为二，对立统一嘛！不过，现在实验条件不具备，将来会证明是可分的。你们信不信？你们不信，反正我信。"

这是一个伟大的预言。

就在这年的晚些时候，美国科学家塞格勒、恰勃林等发表了他们的研究报告：用具有62亿电子伏能量的质子轰击铜靶，发现了反质子和一种不带电的、自旋相反的中子，即反中子。这是对毛主席的预言的印证。

会后，毛主席又与大家共进午餐。他举杯祝酒说："为我国原子能事业的发展，大家共同干杯！"

这以后，我国的原子能科学的确出现了蓬蓬勃勃的发展景象。当年，由陈云、聂荣臻、薄一波三人组成的原子能工作领导小组宣告成立。前苏联向我国出售重水型实验性反应堆和一个直径1.2米的回旋加速器协议签字。秋末，钱三强率团赴前苏联考察学习。1956年，国家成立主管原子能工作的工业部（先称为第三机械工业部，后改称第二机械工业部），由宋任穷任部长，钱三强为副部长之一，并兼任中国科学院副秘书长。1958年，中科院近代物理研究所改名为原子能研究所，实行第二机械工业部和中科院双重领导，仍由钱三强任所长，很好地实现了部与院的协作。

与此同时，周恩来总理决定从在前苏联和东欧的留学生中抽调三百余名专业接近的学生转学与原子能有关的专业，并批准北京大学和清华大学分别开设技术物理系和工程物理系，以便培养大批的原子科学人才。

在钱三强等人的领导下，原子能研究所成了我国第一个名副其实的综合性核科学技术研究基地。钱三强知人善任，精心组织，团结全所人员通力合作，攻克了一个又一个理论和技术难关。1958年，我国第一个重水型原子反应堆和第一台回旋加速器在原子能所建成。静电加速器、中子谱仪、零功率装置、磁镜型绝热压缩等离子体实验装置等50台件重要仪器设备相继建成运行。随之，堆物理、堆工程技术、钚化学、放射生物学、放射性同位素制备、高能加速器技术、受控核聚变等研究工作都先后开展起来。以钱三强为首组建的这个基地，在我国核工业和核科学的发展中，起到了"老母鸡"的作用，在我国派生了一系列核科学研究机构，培养了一大批核科学和核工程人才。

至此，我国核事业的大厦已经显露轮廓了。

从撕毁合同到蘑菇云升起

从50年代末到60年代初，天灾人祸同时降临到我国人民的头上。对于原子能事业来说，那是一个卡脖子的年代。

1959年6月20日，苏共中央来信，拒绝提供原子弹教学模型和有关技术资料。8月23日，前苏联又单方面终止中苏国防新技术协定，撤走全部专家，连一张纸片都不留下。那些撤走的专家们还甩给我们一句话："离开外界的帮助，中国20年也搞不出原子弹。就守着这堆废铜烂铁吧。"

其实，对于前苏联的这一变化，毛泽东主席早有觉察。1958年5月16日，他在二机部的一个报告中就批示说："尊重前苏联同志，刻苦虚心学习。但又一定要破除迷信，打倒贾桂，贾桂是谁也看不起的。"在这里，毛主席是借京剧《法门寺》中的那个奴颜婢膝的贾桂的形象来告诫人们，一定要有自力更生发展我国原子能事业的勇气和骨气。

面对前苏联的背信弃义，周恩来总理和聂荣臻元帅亲自担当起了我国核科学事业的领导和组织指挥任务。在他们的运筹下，我国科技人员处乱不惊，仍旧有条不紊地开展着各方面的工作。

钱三强更加感到了自己肩上担子的份量。所有的科技工作者内心都增加了一分沉重的压力。

1960年7月18日，毛泽东主席在北戴河会议上发出号召："自己动手，从头做起，准备用8年时间，拿出自己的原子弹！"他深刻地指出：

"要下决心搞尖端技术。赫鲁晓夫不给我们尖端技术，极好，如果给了，这个账是很难算的。"

钱三强为首的原子能研究所开始全力转入了支持核工业的新阶段。经钱三强的调配和安排，王淦昌、彭桓武、郭永怀、朱光亚、邓稼先、王承书等一批帅材分别到二机部有关的院、所、厂担负起了领导责任。钱三强还与中国科学院的裴丽生、秦力生、谷雨等领导亲自赴东北、上海等地安排落实任务，广泛调动中科院的力量，在铀矿评价、采选、铀化学化工、铀同位素分离、扩散分离膜的研制及高效炸药等方面组织联合攻关。

前苏联撤走专家后，周光召立即把在前苏联杜布纳联合原子核研究所工作的部分中国专家召集到一起，商量对策。他们联合给国内写信，请缨回国参战。周光召回国后任核武器研究所理论部副主任，邓稼先为主任。

人马调剂，工作配套，各项研究工作进展神速。

原子能研究所学术秘书钱皋韵领导了扩散分离膜的研制。他联合中科院、冶金部和复旦大学的有关科研人员，经过四年努力，完成了研制任务，并开始批量生产，使我国继美、苏、法之后，成为第四个能制造扩散分离膜的国家。

中科院计算技术研究所研制成功了我国第一台大型通用计算机——109 丙机，成功地承担了原子弹内爆分析和计算工作。

捷报不断传来。邓稼先、彭桓武、郭永怀、朱光亚等人的整体设计方案拿出来了，王方定等人设计的点火装置也成功了……

与此同时，钱三强还十分重视理论物理方面的工作。早在近代物理所创建初期，理论物理的研究工作就开展起来了，并集中了彭桓武、朱洪元等一批优秀理论物理学家，开展原子核物理理论和粒子物理理论研究。1960 年，钱三强又在原子能研究所内适时组织了黄祖洽、于敏等一批理论物理学家，开始对热核反应机理进行探索性研究，为氢弹研制做了一定的理论准备。在核武器研制进入决定阶段后，黄祖洽、于敏等三十余人又从原子能所合并到核武器研究机构。这一举措大大加快了氢弹的研制速度，创造了从原子弹到氢弹进程上的奇迹。

在做好上述工作之后，我国的第一颗原子弹爆炸成功。当 1964 年 10 月 16 日我国西部地区升起一朵巨大的蘑菇云的时候，这一天恰好是钱三强 51 周岁的生日。

仅仅隔了两年零八个月，也就是 1967 年 6 月 17 日，我国第一颗氢弹又爆炸成功。这一胜利使我国成为世界上从原子弹到氢弹历时最短的国家。

艰难岁月

60 年代前期，随着三年困难时期的结束，一股极左的政治思潮开始逐渐抬头。1964 年 10 月 19 日，也就是第一颗原子弹爆炸成功后的第三天，功勋卓著的钱三强还未来得及参加庆功会，即被派到河南省农村去参加"四清"运动。

1965 年秋，钱三强回到北京，又投入了层子模型的研究工作。这件事情萦绕在钱三强心头已经有十年之久了。1955 年，毛泽东主席那次关于物质无限可分的谈话之后，钱三强就没有放弃过对这个问题的思考。1958 年，他组织了理论物理学家开始了基本粒子理论的研究，后因大跃进、反右倾等运动而中断。这次从河南回来后，他又把原子能研究所的朱洪元、何祚庥，北京大学的胡宁，数学研究所的戴元本以及其他单位的三十多名科研人员组织起来，共同攻关。他们分头进行研究，每周集中交流讨论一次，经过 10 个月的努力，作出了一批有独创性的研究成果。根据钱三强的建议，他们将中子、质子的下一层粒子定名为"层子"。他们所建立的结构模型，也被定名为"层子模型"。这一批成果在 1966 年夏天的北京国际性暑期物理讨论会上得以公布，引起了国际物理学界的关注和重视。